科技赋能乡村振兴

时代趋势与产业实践

唐寒彬 著

电子工业出版社.

Publishing House of Electronics Industry

北京·BEIJING

内 容 简 介

本书围绕乡村振兴战略，探讨了乡村该如何发展的问题。本书共 3 篇 17 章，第一篇为时代趋势，介绍了乡村振兴战略的时代背景、实施路径、与新农村建设的不同之处，分析了该战略为什么能改变农民的生活；第二篇为科技赋能，介绍了 5G、大数据、物联网、人工智能等新兴技术在农业领域的应用及其将为该领域带来什么改变；第三篇为产业实践，介绍了农业种植、农业管理、农民职业化、农业服务业、农产品深加工、农业电商、农村新媒体、乡村旅游、田园综合体，包括各地区对建设新农村做出的产业实践。

本书站在农业现代化的角度为想在乡村中带领群众致富的人开阔思路，提供方法论指导，旨在帮助读者走出一条适应新时代的乡村致富之路。

未经许可，不得以任何方式复制或抄袭本书之部分或全部内容。

版权所有，侵权必究。

图书在版编目（CIP）数据

科技赋能乡村振兴：时代趋势与产业实践 / 唐寒彬著. —北京：电子工业出版社，2022.1
ISBN 978-7-121-25360-7

Ⅰ. ①科…　　Ⅱ. ①唐…　　Ⅲ. ①数字技术－应用－农村－社会主义建设－研究－中国
Ⅳ. ①F320.3-39

中国版本图书馆 CIP 数据核字（2021）第 261720 号

责任编辑：李树林
印　　刷：北京天宇星印刷厂
装　　订：北京天宇星印刷厂
出版发行：电子工业出版社
　　　　　北京市海淀区万寿路 173 信箱　　邮编：100036
开　　本：720×1000　1/16　印张：13.75　字数：220 千字
版　　次：2022 年 1 月第 1 版
印　　次：2023 年 4 月第 2 次印刷
定　　价：59.00 元

凡所购买电子工业出版社图书有缺损问题，请向购买书店调换。若书店售缺，请与本社发行部联系，联系及邮购电话：（010）88254888，88258888。
质量投诉请发邮件至 zlts@phei.com.cn，盗版侵权举报请发邮件至 dbqq@phei.com.cn。
本书咨询和投稿联系方式：（010）88254463，lisl@phei.com.cn。

序

乡村振兴战略是在党的十九大报告中提出的战略。十九大报告指出，农业农村农民问题是关系国计民生的根本性问题，必须始终把解决好"三农"问题作为全党工作重中之重。十九大报告还强调，实施乡村振兴战略的总要求是"产业兴旺、生态宜居、乡风文明、治理有效、生活富裕"。

2021 年 2 月，《中共中央 国务院关于全面推进乡村振兴加快农业农村现代化的意见》（2021 年中央一号文件）发布。中央一号文件指出，民族要复兴，乡村必振兴。要坚持把解决好"三农"问题作为全党工作重中之重，把全面推进乡村振兴作为实现中华民族伟大复兴的一项重大任务，举全党全社会之力加速农业农村现代化，让广大农民过上更加美好的生活。

在国家的重视和政策的支持下，乡村振兴已是民心所向。它不仅事关农业的发展、农村的进步、农民的生活，而且事关每个人的利益。例如，乡村振兴战略可以推进农业绿色发展，加强食品安全监管，让大众的健康得到更多保障。

从经济角度来看，乡村振兴战略有利于促进农村消费，带动农村发展，这也意味着巨大的商机与市场。例如，农业农村绿色发展可以给生态环保产业带来商机；数字乡村建设、智慧农业、产业融合等也蕴藏着很多商机。可见，振兴乡村可以促进经济内循环。

在振兴乡村的过程中，技术发挥了很大作用。开设电商公司、创建冷库、成立农民专业合作社、组织技术交流会……现在我国农村有很多利用技术做生意的新商人。越来越快的网速和不断升级的技术为广大农民提供了强大支持，加强了农村的数字基础设施建设。

现在大数据、人工智能、物联网、5G 等技术已经走进农村，并应用于秸秆还田、播种、植保、插秧、灌溉、施肥等多个农业生产环节。未来，我国会继续推动农村数字化，鼓励各地区创新农业生产方式，帮助农民掌握并应用技术，逐步扩大基层治理触达范围。

满目青翠、飞湍瀑流、青山绿水、白云环绕等景象在越来越多的农村出现，这些农村依托好风景发展独具特色的生态旅游业，农民吃上了"旅游饭"。农村的优势资源可以促进一二三产业融合发展，让农民分享到更丰厚的产业增值收益。

为了实现乡村振兴，各地区要因地制宜，发扬自身特色，以农民的意愿为指导，严格遵循"缺什么补什么"的原则，科学制定发展规划，稳扎稳打，把好事办好、把实事办实。本书立足乡村振兴，为各地区和广大农民提供指导和建议，介绍高效解决"三农"问题的方法。

综合地看，乡村振兴意味着农业、农村现代化的实现，以及农民生活质量的提升。城市和乡村的发展不是一个彼此对立的过程，而是一个彼此融合、共享资源的过程。乡村振兴与每个人息息相关，我期待相关政策逐步推进落实，也希望本书可以给大家一些启发，让大家认识到乡村振兴的重要性和历史价值。

发展中国家科学院（第三世界科学院）院士

国际系统与控制科学院院士　　　汪寿阳

中国科学院预测科学研究中心主任

中国科学院管理、决策与信息系统重点实验室主任

前　言

我国在打赢脱贫攻坚战后开始向着更高的目标迈进，大步踏上了乡村振兴的新征程。乡村振兴可以为 2035 年基本实现社会主义现代化目标提供支持，补齐"三农"短板，也可以有效解决社会主要矛盾，为实现"两个一百年"奋斗目标和中华民族伟大复兴梦想打下坚实的基础。在新时代，实现乡村振兴的良好开局非常重要，政府、企业、人民都应该为此出谋划策。

乡村是极具感情色彩的表达，蕴含着诗意、文化、精神，意味着一种令人向往的生活。乡村不仅可以发展农业，也可以让农业与第二、第三产业融合，共同创造经济效益。而农村是相对于城市的概念，以农业为主，强调的是农业发展，农民的收入主要依靠从事农业活动。

农业强不强、农村美不美、农民富不富对我国来说非常重要，在很大程度上决定着我国是否可以提升社会主义现代化的质量。因此，我国做出重大决策部署，积极推动乡村振兴战略实施，尽力做好"三农"工作。

在实施乡村振兴战略方面，我国以全局思维进行统筹谋划，科学布局，主要从五个角度入手：推动乡村产业振兴、推动乡村人才振兴、推动乡村文化振兴、推动乡村生态振兴、推动乡村组织振兴。

本书以乡村振兴为基础，结合"三农"问题，重点论述了我国如何在新时代促进农业转型升级，推动农村持续发展，建设真正惠民、利民的新农村。

此外，本书还提出了科技赋能乡村振兴的看法，讲述了大数据、物联网、人工智能、5G 等技术对农业、农村、农民的意义，这是市面上其他书中鲜有涉及的，是本书的特色内容。

俗话说，"读万卷书不如行万里路，行万里路不如阅人无数，阅人无数不如名师指路"，本书为读者提供了有代表性的经典案例，并对这些案例进行深入分析，读者可以迅速领略到乡村振兴的真谛，从而更好地迎接新时代的到来。对于政府工作人员、想在乡村中带领群众致富的人、从事农业产业的人、对农业现代化感兴趣的人来说，本书是一本非常优秀的枕边工具书，也是一本不可或缺的实践能力提升秘籍。

读者在拿到本书后不一定要马上从第一个字看到最后一个字，可以先根据自己的实际情况和需要，选择最想突破或最感兴趣的环节切入学习；再由学习的突破点延伸，找到适合自己的流程线；最后全面掌握整本书的精要内容。

由于著者水平所限，若书中有疏漏之处，恳请读者朋友们予以指正。

著者

目　录

第二篇　科 技 赋 能

66 第 8 章

5G 实现高效农业

第三篇 产业实战

127 第13章

农产品深加工：农业也能跨界发展

140 第14章

农业电商：缩短从农产品到消费者的路径

155 | 第 15 章

农村新媒体：带货更带文化

第一篇

时代趋势

第1章

乡村振兴，农村发展的下一个风口

自从中央提出乡村振兴战略这个概念后，各地政府都积极响应，将解决"三农"（农业、农村、农民）问题作为工作重心。那么，大家有没有思考过这样一个问题：为什么提出的是乡村振兴，而不是农村振兴？

其实"乡村"①和"农村"②虽然只有一字之差，但所代表的含义并不相同。农村是农民生产、生活的地方；而乡村不是只代表农业，还包括第二、三产业，更突出地区性、社会性、文化性。因此，乡村振兴是全方位振兴，其内涵比农村振兴更丰富，要求更高，更适合作为我国的一项发展战略。

1.1 乡村振兴战略的时代背景

为了更好地促进经济发展，我国提出了乡村振兴战略以及"产业兴旺、生态宜居、乡风文明、治理有效、生活富裕"的总要求。乡村振兴战略有深刻的

---

① "乡村"是极具感情色彩的表达，蕴含着诗意、文化、精神、乡愁，意味着一种令人向往的生活。乡村应该是风景宜人、民风淳朴的地方，不仅可以发展农业，也可以让农业与第二、三产业融合，共同创造经济效益。
② "农村"是相对于城镇的概念，以农业为主，强调的是农业发展，农民的收入主要依靠从事农业活动。农村是由农业、农民派生出来的，是农业社会的真实写照。

历史背景和现实依据，是我国从发展全局入手做出的一项关键决策，希望借此解决好"三农"问题，推进城乡共同发展。

1.1.1 中国农村面临的一些问题

就目前情形来看，由于缺乏竞争力，农村需要进一步改革和发展。年轻劳动力为谋求发展，纷纷迁往城镇，农村陷入萧条、沉寂的状态，这种状态主要表现在以下几个方面。

1．土地方面

土地是农村和农民的重要资产，但如今我国的土地利用率还有待提高。因为有些农民不注重土地可持续化利用，产生诸如将稻田沥干为菜地，经过一段时间的耕种后又将其闲置的情况。此外，大多数农民通常只利用土地种植农作物，难以让土地创造其他财富，这在一定程度上影响了土地的经济价值。

2．经济方面

随着交通、物流的发展，互联网的进一步普及，农村基本生活成本与城镇基本生活成本的差距逐步缩小；但农村居民的平均收入通常低于城镇，影响了农民的生活品质进一步提升。而且，农村以发展农业为主，个人收入相对较低，很难吸引高素质人才就业。但是农业对第二、三产业的影响是有目共睹的，需要改变农村落后状况。为了解决这些问题，农村地区有必要积极转型，引入新的发展策略。

3．人口方面

人口方面有两个问题：一是人口减少问题，较重的经济压力使得许多适龄人口不愿意生子，外加大量劳动力向城镇流动，导致农村人口减少，缺乏经济发展的动力；二是人口素质问题，有些农村教育资源相对匮乏，而且创新能力比较弱，难以跟随时代的脚步发展，影响了人口素质的提升。

虽然农村发展面临一些问题，但在政府的正确引导下依然表现出了很大的发展潜力。农村应针对现状制订发展计划，以乡村振兴战略为核心尽快完成转型。

1.1.2　城乡发展不平衡尤为明显

我国存在着城乡发展不平衡的情况，主要表现在三个方面。

1．经济方面的不平衡

城镇历来是我国经济发展的重点区域，资金、技术、人才等发展要素也都集中在城镇。久而久之，农村地区的经济发展会在一定程度上落后于城镇，造成城乡发展不平衡的局面。

2．基础设施建设和公共服务供给方面的不平衡

我国传统的"城乡分治"资源配置方式是导致城乡基础设施建设和公共服务供给失衡的主要因素之一。在这种资源配置方式的影响下，政府为城镇基础设施建设和公共产品提供资源，而农村则多由农民自行负责。因此，农村的发展速度与城镇存在差距，而且这个差距还在扩大，进而造成恶性循环，如图 1-1 所示。

图 1-1　城乡发展不平衡的恶性循环

3．城乡居民收入水平与社会保障水平方面的不平衡

城乡在教育、医疗、文化等方面的发展有差别，城乡居民的人均可支配收入差距也较大。农业发展受自然因素制约，同时农产品利润空间有限，农民理财能力弱，这些因素都制约了农民的收入；而城镇居民普遍受教育水平较高，收入增长比较快且投资机会多。

近些年来，在各级政府的领导下，城乡发展不平衡的情况已经明显改善，多样的政策扶持对构建和谐社会产生了积极的促进作用，这也从侧面反映了大力实施乡村振兴战略的优势和成果。

1.1.3　社会和谐统筹发展需要

伴随着改革开放的进程，我国的"三农"问题也得到了逐步改善，粮食生产能力跨上了一个新台阶。农业供给侧结构性改革不断推进，农民获得的收益越来越多，农村发展得越来越好。这些都使我国的脱贫攻坚战取得了巨大成功，促进了社会和谐稳定发展。

为了巩固上述成绩，我国积极实施乡村振兴战略，希望可以加快农业转型的步伐，完善生态文明建设，提升农民的获得感、幸福感、满足感。

在实施乡村振兴时，我国要以农民为主体，统筹城乡发展、促进社会和谐稳定，这样才符合人民的期盼，形成城乡互动、人民支持、企业参与的美好局面。

1.1.4　建设社会主义现代化国家目标

我国作为农业大国，农业、农村、农民都是社会安定和改革发展的基础与依靠。实施乡村振兴战略是解决"三农"问题的重要措施，也是建设社会主义现代化国家的重要支撑。在这个过程中，我国必须注重"木桶效应"的影响。

"木桶效应"指的是要想将一只木桶装满水，那么每块木板都必须高度相同且没有破损，一旦木板中有一块不齐或某块有破洞，这只桶就无法装满水。而一只木桶能装多少水，不是由最长的那块板决定的，而取决于最短的那块。此外，木板之间的结合是否紧密、牢固也非常重要，若木板间存在缝隙，便无法装水。

在建设社会主义现代化国家这个目标上，每个领域都是关键的"木板"。

决定国家综合实力的不只是最出色的行业和发展最快的领域，而是要看各领域与各行业的综合实力。而综合实力的强弱取决于一个国家是否存在过于薄弱的领域，即劣势决定优势。它警示国家要补齐短板，同时注意各领域与各行业之间要紧密配合。

农业现代化是我国现代化的目标之一，也是其中较为薄弱的环节。我们需要用乡村振兴战略补齐这块短板，让农业现代化为我国经济发展贡献属于自己的那份力量。

1.2 乡村振兴战略的重大意义

乡村振兴战略是符合我国国情和发展需要的战略，对我国诸多方面的进步有着重大意义。例如，该战略可以从根本上解决"三农"问题，有助于弘扬我国的优秀传统文化，对我国的粮食安全也能够起到重要的保障作用。

1.2.1 回归并超越乡土中国

我国人民普遍有很深的乡土情结，我国传统文化更是根植于乡村，乡土、乡景、乡情、乡音、乡邻、乡德等一系列词语都是这方面的体现。在中华优秀传统文化中，乡土是一个非常重要的元素，也是一个不可缺少的基本内核。而且，我国人民的很多优秀品质也与乡土情结和乡村息息相关，如图 1-2 所示。

图 1-2　与乡土情结和乡村息息相关的优秀品质示例

我国实施乡村振兴战略的目的之一就是重构乡土文化，使其回归并超越乡土中国。

1.2.2　对近代"乡建运动"先辈们理想的再实践

近代"乡建运动"（乡村建设运动）之所以会出现，与当时农村比较落后的实际情况有关，也体现了知识界人士已经意识到农村的重要性，想推动农村发展。

晏阳初、梁漱溟、蔡元培、梁启超、张謇、黄炎培等"乡建运动"先辈们提出了很多有益于农村发展的思想，如重视农村教育以开民智、发展实业以增强农村的经济实力、弘扬传统文化以建立和完善农村治理体系等。

这些思想虽然距今已较为久远，其内涵却是一种历久弥新的乡土精神，即使放到当代社会使用也依然可以发挥非常重要的作用。这些思想也与乡村振兴战略不谋而合，对我国实施该战略具有很关键的指导意义。

1.2.3　从根本上解决"三农"问题

目前，我国社会的主要矛盾为人民日益增长的美好生活需要和不平衡不充分的发展之间的矛盾，而影响着国计民生的根本性问题则为农业、农村、农民的"三农"问题，实施乡村振兴战略则能很好地解决"三农"问题。

首先，实施乡村振兴战略能够"富业"。《中共中央　国务院关于实施乡村振兴战略的意见》（2018 年中央一号文件）提出，必须坚持质量兴农、绿色兴农，以农业供给侧结构性改革为主线，加快构建现代农业产业体系、生产体系、经营体系，提高农业创新力、竞争力和全要素生产率，加快实现由农业大国向农业强国转变。这就要求必须在科技上下功夫，必须强化乡村振兴科技支撑，要完善科技成果转化激励机制，促进科技成果转移转化，着力解决科研和生产"两张皮"及科技服务"最后一公里"的问题。

由此可知，科技对于农业发展有重大作用。而乡村振兴战略的着力点之一便是农业与农村的现代化。"互联网+"乡村振兴工程，能以科技助力农村发展，发挥先进技术在生态、文化等方面的价值，满足农民日益增长的需求。

其次，实施乡村振兴战略能够"富村"。农村不兴旺，农民便难以富裕。而实施乡村振兴战略后，生产、生活、生态"三生"可以协调发展，同时令农业、加工业以及现代服务业融合发展。最终随着农业发展，农村兴旺程度会上升，农民从中获利，农村能够留住人才，进而形成良性循环。

最后，实施乡村振兴战略能够"富民"。农村地区的创新创业能力弱、贫困人口比较多，而实施乡村振兴战略能够构建长效机制，推动城乡产业融合发展，带动农民通过创新创业摆脱贫困，使农村走上现代化的发展道路。

综上，农村必须坚持实施乡村振兴战略，通过"富业""富村""富民"这三富，彻底解决"三农"问题。

1.2.4 弘扬中华优秀传统文化

我国具有几千年的农业社会历史，在这个过程中，农村积淀了优秀的传统文化及灿烂的农耕文明，它们是中华优秀传统文化的根系。这种国情决定了乡村振兴对文化传承的重要性。

如今，农村地区的文化主体和文化生态陷入急需传承与振兴的状态。乡村振兴对传承与弘扬文化有两方面的作用：

一方面是缩小城乡之间的文化发展差距。城乡在文化方面的地位不均等，关于文化的公共服务供给不平衡，农村地区的文化产业发展不充分，而乡村振兴能有效改善这些问题，带动农村地区的文化发展。

另一方面是继承与振兴乡村传统文化。我国的乡村传统文化博大精深，在为人处世方面，其有耕读传家、严于律己、勤俭持家、精忠报国、崇德向善等传统美德。通过振兴乡村文化，农村能够重新焕发生命力，将我国传统文化中的精华部分"唤醒"并"活化"，使其在数字化时代得以延续、传承。而这些优秀的精神品格、精神血脉与文化基因能够为乡村振兴注入新的活力。

1.2.5　从根本上解决粮食安全问题

农业是农村的关键产业，不仅是农民的"根"，更是农村的"魂"。振兴农业是振兴乡村的基础和前提，其核心目标是确保国家粮食安全。

实施乡村振兴战略能够使农业迅速发展从而提高农作物产量。作为人口大国，我国对粮食的需求量极大，粮食安全是国家安全的基础条件。乡村振兴战略能够强化科技农业、生态农业与智慧农业，给予耕地红线保障，从根本上解决我国粮食安全问题，使自身免受国际粮食市场的影响，"把中国人的饭碗牢牢端在自己手中"。

目前，农业的综合效益比较低。要解决此问题，我国应将重心放在农业供给侧结构性改革上，将农业政策的重点从增产变为提质，注重农业及农产品的质量、品牌，以科技带动农业发展，打造具有无限生机的可持续发展农业。

1.3　乡村振兴战略的实施路径

乡村振兴战略可以助力我国实现"两个一百年"的奋斗目标，也可以让全体人民共同富裕的理想成为现实。新时期实施乡村振兴战略，除了要以新思想引导理论实践以外，还必须汇聚资源，构建多元共治乡村大格局。在实施乡村振兴战略的过程中，城镇力量、党政力量、市场力量、社会力量都必不可少，各方力量要分工合作，共同搭建"有形之手"。

1.3.1　以新思想引导理论实践

党的十九大报告指出，我国社会的主要矛盾是人民日益增长的美好生活需要和不平衡不充分的发展之间的矛盾。而这种发展不平衡不充分的问题主要表现在农村地区。因此，我国必须坚持实施乡村振兴战略，并为实施此战略制定详细的规划。

早在 2018 年，中央一号文件便制定了实施乡村振兴战略的时间规划，如图 1-3 所示。

图 1-3　乡村振兴战略的具体时间规划

这份规划表明，实施乡村振兴战略具有全局性与长远性，它需要社会各界在新思想的指导下合力推进、坚持奋斗。我国的发展经历了站起来—富起来—强起来的过程，在此过程中，经济方面的发展目标从高速增长转变为高质量发展。此种转型决定了城乡发展的优先顺序。而指导乡村振兴战略的思想是习近平新时代中国特色社会主义经济思想，其中关于扶贫和农村治理的论述是乡村振兴战略坚实的理论基础。

1.3.2　汇聚资源，构建多元共治大格局

现阶段我国实施乡村振兴战略的主要难点集中在生态脆弱区、民族地区和欠发达集中连片地区。这些地区的经济、文化、制度等方面的发展程度低于平均水平，但并非缺乏发展潜力，其发展缓慢是因为受到交通、人才等因素的限制。

这种困境决定了乡村振兴战略必须由政府、市场和社会多方合作才可以顺利实施，才能为乡村提供更多可能性和可行性。

市场是影响农业资源配置的关键因素，农村地区可以利用财政资金促使金融和社会资本"下乡"，将大量人力、财物等资源配置到自身发展的重点领域与薄弱环节，使乡村振兴的多样化需求得到满足，利用工商资本推动乡村振兴。

政府可以从税收、土地、财政、社会保障等方面推动城乡融合体制的发展进程，也可以利用政策向农业和农村地区汇聚资源并将其整合，健全农村地区的教育、医疗、文化等社会保障体系，为农村地区发展提供财政支持。

首先是教育资源。促使大量人口流向城镇地区的关键因素之一就是农村地区的教育资源不足。城乡发展公平的前提是教育资源的公平。政府必须推进城乡教育资源均衡配置机制的发展，使教育资源向农村地区倾斜，以教育资源留住人口，让农村儿童能够通过知识改变命运。

其次是医疗资源。健全的农村医疗卫生服务体系能够为人民的健康水平提供保障。农村地区欲提高当地医疗水平，可以实施招揽农村医疗卫生人才的政策并大力建设医疗卫生服务设施；可以与城镇地区进行合作，共同建立医疗共同体，共享医疗资源；可以利用高科技手段与城市大医院合作，发展远程医疗来缓解农民看病难、看病贵的问题。

再次是文化资源。丰富的文化资源能够提高人民的生活质量，满足人民在精神方面的需求。

农村地区想健全文化服务体系，可以从设施布局、服务提供等方面入手，不断提高文化服务体系的覆盖面与适用性，制定更适合自身特点的文化服务体系。

最后是完善农村的社会保险制度。各级政府应着力完善关于农民和农村发展的社会保险制度，充分发挥其保障人民生活、调节收入分配的作用。

通过上述做法引导资源合理向农村地区倾斜，构建多元共治大格局，是实现乡村振兴战略的重要途径。

第 **2** 章

乡村振兴与新农村建设有何不同

有人说新时代提出的乡村振兴与以往提出的新农村建设相比是"换汤不换药"，这是一种错误的认知。乡村振兴与新农村建设无论在内涵、主体还是发展方向上都有很大不同，前者不仅是后者的升级版，更是我国未来重要的基础工作与治理体系。

2.1 乡村振兴战略不仅是新农村建设的升级版

很多人认为乡村振兴战略是新农村建设的升级版，从某种意义上说，这种观点没有错误。但是与新农村建设相比，乡村振兴战略又有很多创新的地方，如把农业现代化和农村现代化看得同样重要，致力于培养懂农业、爱农村、爱农民的"三农"工作队伍，不断加强农村精神文明建设，提出重塑城乡关系，大力推动城乡融合发展。

2.1.1 新农村建设：乡村整治

新农村建设是乡村振兴战略的基础工作，乡村振兴战略在此基础上具有更大的格局和更深远的意义。社会主义新农村建设指的是在社会主义制度下，依据新时代的要求，对农村进行经济、政治、文化和社会等方面的建设。

新农村建设的最终目的是令农村的经济、基础设施、环境等方面提升至一定水平，把农村建设成为经济繁荣、设施完善、环境优美、文明和谐的社会主义新农村。

新农村建设的背景是在当时我国主导产业由农业变为非农产业，彼时的经济增长支柱为非农产业。根据历史经验，当时处于跨入工业反哺农业的阶段，故而实施了新农村建设。

新农村建设的目标是《中共中央关于制定国民经济和社会发展第十一个五年规划的建议》提出的，要按照"生产发展、生活宽裕、乡风文明、村容整洁、管理民主"的要求，扎实推进新农村建设。

在新农村建设方面，经济建设的目标是全面发展农村生产，提高农民收入；政治建设的目标是加强农民民主素质教育、农村基层民主制度建设、农村法制建设；文化建设的目标是加强农村公共文化建设；社会建设的目标是加大公共财政对农村公共事业的投入，发展农村的义务、职业教育，完善其医疗卫生体系，建立并完善农村社会保障制度。

2.1.2　乡村振兴战略：城乡统筹发展

党的十九大报告指出，要坚持农业农村优先发展，按照产业兴旺、生态宜居、乡风文明、治理有效、生活富裕的总要求，建立健全城乡融合发展体制机制和政策体系，加快推进农业农村现代化。这是乡村振兴战略的目标，同样也是新农村建设的目标。综合前文内容可知，乡村振兴与新农村建设有着千丝万缕的联系，下面对二者进行横向对比，见表 2-1。

表 2-1　乡村振兴与新农村建设的目标对比

新农村建设	乡村振兴	关　系
生产发展	产业兴旺	基于发展生产培育新产业、新业态并完善产业体系，促进农村经济繁荣
村容整洁	生态宜居	基于治理村庄脏乱差现象发展绿色经济并治理环境，令农村居住环境更舒适

（续表）

新农村建设	乡村振兴	关 系
管理民主	治理有效	加强和创新农村社会治理，令其更高效，更能满足农村居民的需求
生活宽裕	生活富裕	按照全面建成小康社会奋斗目标和分两步走全面建设社会主义现代化强国的新目标，令农民的生活更富裕、美好
乡风文明	乡风文明	此处虽然并无变化，但后者在前者的基础上进一步拓宽了内容并提出了新要求。前者主要目标为提高农民素质，加强农村精神文明建设；后者目标为发展农村文化教育及医疗等事业、弘扬社会主义核心价值观、传承优质精神文化等

综上，同新农村建设相比，乡村振兴的内涵更丰富，涵盖的内容范围也从建设农村变为城乡统筹发展。

2.2 新主体开发新市场

在乡村振兴战略中，农民是当之无愧的主体，也是推动该战略顺利实施的中坚力量。但是，为了迎合该战略长期性、复杂性的特点，我国还需要多元主体共建、共治、共享，这样有利于从根本上解决"三农"问题，尽快实现城乡要素自由流动，激发乡村发展的活力。

2.2.1 农民是乡村振兴的当然主体

新农村建设的主体为农民与国家，而乡村振兴战略则更强调农民、国家、企业等多个主体的作用。实施乡村振兴战略并非一蹴而就之事，此战略的成功需要大量的工作和足够的时间。但在实施过程中，一个重要原则是充分发挥农民的主体作用。

农民的主体作用有三层基本含义，如图2-1所示。

以乡村振兴中的产业振兴部分为例，各种农业生产经营方式都要依托经营主体的带动作用。各新型经营主体在从事相关农业活动时，需要依托土地、资源以及农村劳动力。因此，经营主体与农民之间的依存关系较强。

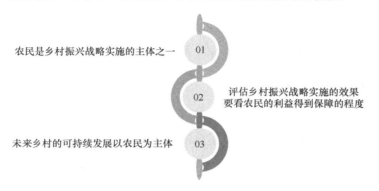

图 2-1　农民的主体作用的三层基本含义

若外部经营主体未把农民纳入经营活动中，其发展很难可持续。举例来说，A 村的土地流转给外部投资商，外部投资商只为短期获利，不把农民纳入经营活动，导致 A 村的发展时间非常短。而 B 村完成土地流转后，以村民为主体，建立了农村农业合作社和家庭农场。B 村适度引入了外部经营主体，与其订立了保障农民增收的合作条件，发挥了农民的主体作用，因此，B 村的发展能够持续。

以农民为主体振兴乡村，需要各方一同努力，建立可持续的共赢模式。

2.2.2　乡村产业主体趋于多元化

农民是乡村振兴的当然主体，但不是全部主体。乡村振兴战略具有长期性、复杂性，需要多元主体共建、共治、共享。下面分几个方面来具体看一下。

1．乡村产业振兴方面

产业振兴需要不同的产业主体支撑。随着乡村产业经营形态的多样化，其产业主体亦会趋于多样化。

2．乡村人才振兴方面

传统农业的改造工作需要大量的技术、资本与人才，还需要优化配置土地。在此过程中，人才要素是关键，它是乡村振兴的新兴力量和主体之一。

3. 乡村文化振兴和乡村生态振兴方面

这两方面的振兴需各类人才及相关保护组织参与。

4. 乡村组织振兴方面

乡村组织振兴是实现乡村治理体系与治理能力现代化的关键，农村基层党组织、农村集体经济组织、农村基层自治组织等组织形式是此阶段的主体。

2.2.3 乡村振兴的主体处于不断变化中

乡村振兴战略的主体可以从静态与动态两个角度进行分析。从静态角度看，乡村振兴的主体在一定的时间段内可以分成不同类别，如经营主体可以分成家庭农场、农业合作社、农业企业等；农民可以分为普通农民、高素质农民、职业农民等。

从动态角度看，乡村振兴的主体处于不断变化中。现在我们生活在一个流动、开放的社会中，这会让乡村振兴的主体有比较强的变动性。此外，农业在三大产业中的比例会随着时代发展而变化，这就需要政府优化产业结构，梳理不同主体之间的关系，实现农村产业升级。

2.3 一二三产业融合发展

推进一二三产业融合发展是实施乡村振兴战略的重要抓手，也是实现农民增收、全面建成小康社会的有效途径。我国要想推进一二三产业融合发展，除了要从战略角度对其进行部署以外，还要坚持多措并举、因地施策、务求实效的原则。

2.3.1 培育融合主体

前面已经说过，农民是乡村振兴的当然主体，其实他们也是一二三产业融合的主体。在一二三产业融合的过程中,我国要开展农民培育工程,组织农业龙头企业认定,鼓励各地区壮大骨干力量,发展公司化合作社。这些都是发展和丰富融合主体的重要措施。

在培育融合主体方面,我国各级政府都采取了相应的方案。

(1)国家发展改革委支持阿里巴巴建立农村电商培训班,并与国家开发银行、中国农业发展银行等共同设立与返乡创业政策相关的信贷产品。

(2)农业农村部通过先建后补、以奖代补、折股量化到农户等方式支持农业经营主体发展新业态,并为农业经营主体设立了在线教育培训试点。

(3)科学技术部推行科技特派员制度和"三区"(边远贫困地区、边疆民族地区、革命老区)人才支持计划,为农业经营主体提供技术服务。

(4)旅游局坚持举办乡村旅游扶贫重点村村干部培训班,已经对 4000 多名村干部进行了培训,并取得了非常不错的效果。

推进一二三产业融合发展要充分激发主体的积极性,通过各级政府的支持和助力,最大限度地为乡村振兴提供新动能。

2.3.2　搭建融合载体

除了培育融合主体以外,搭建融合载体也十分重要。现代农业产业园、农业产业强镇、农村产业融合示范园、乡村产业园等都是推进一二三产业融合发展的载体。如今,我国已经建设了 60 多个现代农业产业园、550 多个农业产业强镇、200 多个农村产业融合示范园、1 万多个乡村产业园,为一二三产业融合发展奠定了坚实基础。

此外,我国积极推进政策集成、要素集聚、功能集合、企业集中,致力于在最短的时间内形成原料生产、农产品深加工、农业体验展示、物流运输、销售等环节相互联通的新格局。这样的格局不仅有利于实现农业现代化,还可以推动乡村振兴战略的顺利实施。

2.3.3 丰富融合业态

一二三产业融合发展离不开新业态，在这方面，我国鼓励经营主体加快农业跨界步伐，积极扩展现代产业要素，促进现代产业深度交叉，完善"农业+"模式。现在我国已经出现了一些比较有代表性的新业态，如蟹稻共生、渔稻共生、中央厨房、乡村旅游、数字农业等。

例如，河北省张家口宣化区的顾家营镇左家营村引进"蟹稻共生"种养模式，取得了不错的成绩，如图 2-2 所示。该村建起了 300 亩水稻种植基地，并在其中投放蟹苗，发挥蟹稻之间的互利共生关系，使生物链可以形成一个良性循环，同时获取生态效益和经济效益。

图 2-2 "蟹稻共生"种养模式

此外，我国还要进一步完善利益联结机制，积极发展合作模式，形成农业产业化联合体，让产业链条更坚固，帮助农民获得更多增值效益。

第 **3** 章

乡村振兴战略为什么能改变农民的生活

国家权威报告显示，实施乡村振兴战略需要促进高端人才向乡村回流，通过各种措施将闲置土地得以利用，同时还要拓宽"三农"投融资渠道。如果对上述内容进行分析，那就可以将其言简意赅地概括为三个字——人、地、钱。

3.1 人：高端人才回流

在乡村振兴战略中，"人"方面的关键点是解决乡村人口的老龄化问题，引导部分高端人才回流。例如，生长在城市的科技人才可以下乡，到农村创业，积极发展现代农业，使休闲旅游、养老、电商等产业在农村"生根发芽"。

3.1.1 "城归族"返乡创业，带活农村经济

乡村地区的发展落后导致大量劳动力和高素质人才涌入到城镇地区，而缺

乏人才又导致其发展速度更缓慢，形成恶性循环。因此人才是振兴乡村的关键点之一。现在很多"城归族"返乡创业，带活了乡村经济，成了实现乡村振兴战略的关键资源。

在现实生活中，由于城市地区拥有优越的资源条件，大多数从乡村走出的人才都会单方面流往城市。而乡村振兴的关键一点就是要改变这种人才"只出不进"的局面，让更多"城归族"返回乡村，通过投资、创业等方式带动乡村经济发展。下面结合具体案例来看。

四川省巴中市通江县原本是国家扶贫开发工作重点县。当地有近 61 万农业人口，其中约三分之一人口为改善生活常年在外务工。近年来，该县为解决人才外流的问题，吸引并鼓励在外务工人员返乡创业。

返乡创业最重要的一步是"盘活资源"。许多农村地区虽然经济落后，但是待开发的资源非常丰富。该县的薛某在返乡前在外从事房地产生意。他回乡后，看中了家乡的土地与森林资源，牵头成立了一家专业合作社。

利用这些未开发的资源，薛某带领当地农民发展生态种养与森林康养业务。仅一年时间，该地区出栏了约 6 万只土鸡，农家乐客流量也显著增多。这一举动带领了包括所有贫困户在内的 300 多户村民走上了脱贫致富的道路。由于成效良好，当地农民的积极性空前高涨，返乡创业者与当地农民之间形成了一种良性共赢关系。

同样为返乡创业的熊某，利用了该县的闲置土地，带领着该合作社的社员种植了 2100 余亩葡萄园。利用葡萄资源，熊某建成了一家食宿一体的休闲乡村酒店以及一条年产量约 1000 吨的葡萄酒生产线，令当地众多贫困户顺利脱贫。

外流人员往往对家乡有着难以割舍的情怀，这也是"城归族"返乡的一个重要原因。他们能够将新观念与新技术带回家乡，在情怀的基础上奋力投身至乡村振兴的事业中，带活乡村经济，使乡村焕发出日益旺盛的生机。

3.1.2　引进的高技术人才，形成"雁阵效应"

返乡创业人员回归家乡，便如同大雁归巢。而高端人才则如同雁群中的领头雁一般，其人格魅力与专业技能可以带动更多的人才投身于回乡创业一事。高端人才具有稀缺性，如何吸引高端人才，形成"雁阵效应"并以此激发乡村活力，是乡村人才振兴方面必须重视的问题。

回乡创业的棘手问题之一就是，由于部分农村地区经济欠发达，缺乏对人才的配套资源。比如，公司经营需要专业素质高的会计，在城市中人才资源充足，可以轻松聘请到，但在乡村地区，哪怕以高薪都很难聘请到。

针对此种情况，可以参考以下几点做法。

1. 为高端人才提供优惠条件

某贫困县的一家公司试图引进遗传育种博士廖某。廖某原本在条件优越的城市地区工作，对于到偏远贫困县工作一事心有顾虑。后该县将廖某上报为需引进的高技术人才，给予廖某落户、科研等优惠条件，成功打消了廖某的顾虑。

人才是乡村振兴的灵魂。若想招揽高端人才，可以采取超常规举措。当人才数量增长到一定程度后，会形成良性循环，加快乡村发展速度。

2. 赋予高端人才荣誉感及责任感

刘某返乡创业后，其妻子与孩子留在了城市地区生活。后适逢刘某孩子高考，其妻希望刘某返回城市，多陪伴孩子，帮助孩子学习。刘某内心动摇时，其所在公司恰好推举新领导，众人将刘某选为公司领导。这一举动赋予了刘某责任感，刘某最终决定继续留在乡村创业。

乡村在招揽高端人才时，应为其提供恰当的优惠条件以及营造良好的社会环境，让其在从事乡村振兴事业时拥有高度的责任感与荣誉感，如此才能更好地吸引并留住人才。

3.2　地：闲置用地再利用

对于农村来说，土地是非常重要的资源，也是属于农民共同的财富。因此，要推进乡村振兴战略，土地资源便成为重中之中的部分，充分用好"地"这个基础。从"地"的角度看，乡村振兴战略要推动闲置用地的整理与再利用，深化土地制度改革，保持稳定的土地承包关系。

3.2.1　农村闲置用地的整理与再利用路径

我国农村地区存在着大量闲置的土地，这些土地本身拥有着大量使用价值，却得不到充分利用。乡村振兴战略正是为解决此困境而生，闲置的土地资源弥补了乡村振兴战略的需求。用现成的资源办到最有利的事，达到利益最大化。因此，乡村需要盘活这些闲置土地资源，为乡村振兴的建设用地需求提供保障。闲置土地主要有三种类型，如图 3-1 所示。

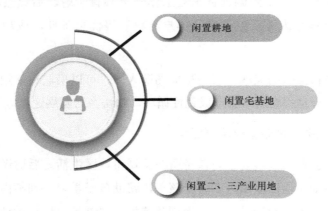

闲置耕地

闲置宅基地

闲置二、三产业用地

图 3-1　农村闲置土地的三种类型

1．闲置耕地的整理与再利用方法

耕地是农业生产的基础条件。其被闲置的原因一般有两种：一是遭受污染；二是自然条件差，如土壤肥力低，分布零散等。

针对受到污染的闲置耕地，乡村可以从三方面对其进行治理与修复。首先，依据闲置耕地的受污染情况制订详细的修复计划，这个计划必须包含投入、治理、修复、建设、经营、收益这几项内容；其次，通过社会与政府等多途径来解决污染修复的资金问题；最后，从整体生态角度入手，使用专业技术、雇佣专业人员来进行耕地修复，使被修复耕地能够在整体生态环境中发挥更大作用。

针对自然条件差的闲置耕地，乡村可以从三方面对其进行改善和利用。首先，依据其缺陷针对性地制订改善措施，如水土流失治理等；其次，依据国家建设标准来建设闲置耕地；最后，利用闲置耕地必须遵从现代农业生产要求。

2．闲置宅基地的整理与再利用方法

闲置宅基地分为两种情况，一种为有条件复垦的，一种为无条件复垦的。

针对有条件复垦的闲置宅基地，乡村可以从三方面进行操作。首先，依照闲置宅基地复垦工程的要求进行复垦工作；其次，复垦时要注意建设复垦耕地所需配套设施；最后，按因地制宜的原则经营复垦耕地。

针对无条件复垦的闲置宅基地，乡村可以从两方面探索其商用价值。第一个方面利用闲置宅基地开展多样化经营，如农家乐、民宿等；第二个方面拓展并完善宅基地的融资功能。

3．闲置二、三产业用地的整理与再利用方法

首先，地方政府应重视对当地闲置二、三产业用地的统筹管理工作，定期清查并统计，做好相关信息储备工作；其次，加强对当地闲置二、三产业用地的规划管理；最后，有针对性地、科学地制订处置该土地的方案。

合理利用闲置土地能使乡村的潜在资源进一步转化为经济效益，推进乡村的开发与发展速度。

3.2.2　沾益白水：闲置资源变身"摇钱树"

下面结合云南省曲靖市沾益区白水镇的案例，分析闲置资源如何变身"摇钱树"，白水镇共开发利用了四处闲置资源。

1. 农贸市场为集体经济增收 30 余万元

白水镇有一处占地面积为 7.72 亩的地块。该地块地理位置偏僻，因此常年闲置。后来，当地政府经研究决定，镇、村联合在该地块上投资 560 余万元，建设封闭式农贸市场。农贸市场依法收取摊位费及商铺租赁费，此举每年可为集体经济增收 30 余万元。

2. "生活超市"为村集体经济提供动力

白水镇为改善辖区居民购物环境，通过招商引资将一处闲置地块出租给一家生活超市。该超市投资 200 余万元，很大程度上方便了辖区居民的日常生活，为当地集体经济发展提供了动力。

3. 废弃石场新建生猪屠宰点

白水镇存在着部分屠宰散户。散户屠宰家禽时会带来环境污染，食品卫生条件也相对没有保障。为提升居民居住环境，保障肉食安全，经各级政府同意后，白水镇将一处废弃多年的石场改建为生猪屠宰点，该生猪屠宰点的年收入预计可达 50 余万元，既避免了散户屠宰带来的污染，又提高了经济收益。

4. 闲置搅拌站场地再出租

沪昆高铁修筑工作竣工后，在白水镇遗留了闲置的搅拌站场地。后该镇就此搅拌站进行招商引资，经多方协调后以每年 23 万元的标准出租给一家混凝土公司。此项目共计投资 860 万元，项目成功后不仅提高了当地集体收入，拉动了当地就业，还为当地各种项目建设提供了就近供应水泥的便利。

白水镇盘活了当地闲置资源，将其变成资金，又将资金转化为民生福祉，充分带动了当地人民增收致富，使当地集体经济得到有效发展。

3.3 钱：拓宽"三农"投融资渠道

在实施乡村振兴战略的过程中，"钱从哪里来"是一道必答题，也是一道难题。如果这道题解答不好，乡村振兴的美好蓝图很可能会大打折扣。为了避免这种现象发生，我国要关注农业设施投资，尽快补上基建和公共服务"短板"，引导和鼓励工商资本下乡。

3.3.1 农业设施投资是农业投资的"先手棋"

优质的农业设施能够帮助乡村地区吸引投资，是农业投资的"先手棋"。建设农业设施能够加快农业现代化速度，推动乡村振兴战略的实施进程。

2021 年中央一号文件从以下几个方面对加强现代农业设施建设做出了部署。

1. 现代乡村产业体系方面

该文件指出，乡村地区要依托自身特色优势资源，"打造农业全产业链，把产业链主体留在县城"。此举的目的是借助县城地区更发达的资源来发展乡村产业体系并吸引投资，为乡村地区带来产业增值收益。

该文件还提出，乡村地区要"加快健全现代农业全产业链标准体系，推动新型农业经营主体按标生产，培育农业龙头企业标准'领跑者'。立足县域布局特色农产品产地初加工和精深加工，建设现代农业产业园、农业产业强镇、优势特色产业集群。推进公益性农产品市场和农产品流通骨干网络建设。开发休闲农业和乡村旅游精品线路，完善配套设施。推进农村一二三产业融合发展示范园和科技示范园区建设。"

2. 乡村公共基础设施建设方面

由于我国城乡地区的公共基础设施建设不平衡，目前的公共基础设施建设工作重点在于农村。建设公共基础设施能够提高乡村地区的发展潜力，使乡村地区的发展扎根于坚实的基础之中，开出更多可能的花。

作为公共基础设施的重要部分，交通的便利程度影响着乡村产业的发展。2021 年中央一号文件指出，要"加强农村资源路、产业路、旅游路和村内主干道建设。推进农村公路建设项目更多地向进村入户倾斜"，并"强化农村道路交通安全监管"。

此外，能源也是公共基础设施的一部分。该文件指出，乡村要"实施乡村清洁能源建设工程。加大农村电网建设力度，全面巩固提升农村电力保障水平。推进燃气下乡，支持建设安全可靠的乡村储气罐站和微管网供气系统。发展农村生物质能源。加强煤炭清洁化利用。"

3．乡村建设发展工程方面

推动乡村建设发展工程数字化是乡村振兴的目标之一。该文件指出，乡村地区要"推动农村千兆光网、第五代移动通信（5G）、移动物联网与城市同步规划建设。完善电信普遍服务补偿机制，支持农村及偏远地区信息通信基础设施建设。加快建设农业农村遥感卫星等天基设施。"

5G、物联网等先进技术能够帮助乡村地区迅速发展。依托这些技术，乡村地区能吸引高科技人才与高端项目，而其更容易帮乡村地区吸引投资。

4．智慧农业方面

农业始终是乡村地区的核心产业。该文件指出，乡村要"建立农业农村大数据体系，推动新一代信息技术与农业生产经营深度融合。完善农业气象综合监测网络，提升农业气象灾害防范能力。"

但也应明白，资本投资的根本目的是获得利润，而且投资具有风险，故而并不是所有的农业设施都能吸引到投资。普遍来讲，具有特色的农业产业、乡村新型服务业以及农产品主产区与特色农产品优势区的加工流通业更容易吸引到投资。相较于传统的第一产业，它们的发展潜力极大，融资空间也更大。

3.3.2 引导和鼓励工商资本下乡

中国农业大学农民问题研究所所长朱启臻曾言："农业农村投资规模巨大，要把政府主导作为主要渠道，充分调动各类企业和农民主体的积极性。"

拓宽"三农"投资与融资渠道要靠内外配合，才能进一步增强乡村振兴战略在经济方面的影响力。在内部，乡村要积极响应国家号召，增强现代农业设施；在外部，各级政府应加大财政支出的力度，优化农业农村投资环境。同时，各级政府还应引导和鼓励社会力量、工商资本以及金融资本等多渠道下乡投资，为农业农村"输血"。

目前，诸多乡村地区开始实施引导工商资本下乡的措施。这些地区积极引进具有高层次、高技术、高水平特点的新发展模式产业以及带动能力强的优质项目，以此吸引工商资本下乡。

近年来，乡村地区逐渐成为投资热土，吸引了大量投资商。以湖南省益阳市安化县为例，当地的恒康源茶旅康养中心项目吸引到了近 10 亿元的投资金额；而当地的黑茶特色小镇项目，仅是公共基础设施便吸引到了约 5.5 亿元的投资。到 2022 年，该项目的预计产值可超 200 亿元。

除了政府与乡村，金融部门也对"三农"领域的发展给予了大量支持。中国银行保险监督管理委员会发布了《关于推动银行业和保险业高质量发展的指导意见》，明确提出鼓励银行业金融机构加大对"三农"领域的信贷投放。

乡村要紧跟乡村振兴战略的步伐，重视工商资本的力量，在深挖自身投资价值的基础上，积极开展与工商资本的合作。

第 4 章

乡村振兴重在"量体裁衣"

乡村振兴要以产业兴旺、环境宜居、生活富裕为基础，做好"量体裁衣"工作。振兴乡村要借助人才的力量，围绕乡村的实际情况有针对性地引进人才，同时要做到统筹兼顾，在政治、经济、文化、社会、生态等方面下足功夫，更好地推进城乡一体化发展，让人民享受到乡村振兴战略带来的好处。

4.1 立足当地区位和资源优势

乡村振兴离不开良好的自然地理环境，因此，如果想把农业做出"特色"，那就要立足当地区位和资源优势。例如，山东省滨州市沾化区滨海镇借助丰富的自然资源开展渔盐产业"六大工程"，取得了非常不错的成绩；福建省武夷山市五夫镇坚持打造"生态银行"模式，也走上了农业现代化之路。

4.1.1 沾化滨海：渔盐产业"六大工程"

各乡村之间的差异主要体现在区位和资源优势方面，这两大优势是乡村进行发展规划时必须考虑的因素，同时也是乡村振兴的基础。下面结合沾化滨海的案例说明区位和资源优势的特点以及该地区立足这两大优势达到乡村振兴目的的方法。

滨海镇坐落于滨州市沾化区东北部,该镇地处环渤海经济圈与黄河三角洲高效生态经济区。其拥有悠久的"渔盐"历史文化,区域自然资源丰富,盛产鱼、虾类的海产品。此外,该地区海水化工产业发展迅速,拥有丰富的风、光等清洁能源。

滨海镇立足区位和资源优势,从自然、人文、技术三大角度来推进乡村振兴战略。

1. 自然角度

滨海镇在实现乡村振兴的过程中,立足沿海资源优势,大力发展"渔盐"、新能源、文旅等产业。由于该地盛产鱼、虾等海产品,该镇利用好这一资源,几家海产品牵头企业累计建设了 5 万余平方米盐田虾育苗车间。此外,该镇还培育出了"滨科一号"与"渤海 1 号"两个虾种,它们是北方第一代适应高盐度海水的虾种。通过利用盛产鱼虾这一区位优势,该镇实现了"滨州虾滨州造"的目标。

2. 人文角度

滨海镇为宣传产品,建立了专业品牌建设队伍。其与国内知名品牌进行合作,以网络、媒体、节日等形式推广品牌;利用网红效应,通过直播带货等形式增强品牌知名度,最终使"滨海盐田虾"成为广受市场认可的品牌。此外,为提高产品价格,该镇还为"滨海盐田虾"这一品牌申请了绿色认证与有机认证,为进一步提升产品价格打开了空间。

3. 技术角度

渤海镇为建设现代化对虾养殖实验基地,做了以下几项工作。

(1)聘请本地及国内外专家,结合当地情况,给予专业、科学的指导。

(2)与中国水产科学研究院对接,在当地试验推广对虾新品种。

(3)积极探索先进养殖方法,引进"八大养殖模式"。

4.1.2　武夷山五夫镇：打造"生态银行"模式

介绍完滨海镇的案例，下面来看武夷山市五夫镇利用"生态银行"实现致富的案例。许多地区虽然贫困，但生态资源富集。若这些地区能立足当地资源优势，将生态资源优势转变为经济优势，便能将"绿水青山"转化为"金山银山"，达成乡村振兴的目标。

五夫镇位于武夷山市，是"国家级历史文化名镇"。该镇区域内山水相映，有着大量朱熹文化遗迹，其生态资源格局被概括为"八山一水一分田，朱子文化在其间"。该地区虽然有着丰富的自然、人文资源，但存在着自然资源分散、地形狭长、地势崎岖、优质客商与优质项目数量少、缺少项目经营人才等问题。

综合上述情况，五夫镇决定采用"生态银行"模式，将生态资源转化为经济效益，绘制生态资源图是"生态银行"模式的运行前提。

在生态资源图的绘制过程中，政府各部门在当地电子地图上标出各类开发"红线"。比如，自然资源部门标注了该镇的农田和建设用地情况，环保部门标注了各个主体功能区的划分情况等。通过这些标注，五夫镇的全部生态资源汇聚在一张电子化、可视化、交互式的地图上，当地自然资源的可开发程度与开发边界便能一目了然。

绘制好生态资源图，打好"生态银行"模式运行的基础后，五夫镇又做了以下工作来实现乡村振兴。

1．了解资源底数

通过生态资源图，五夫镇明确了当地资源情况和项目开发的方向和界限。之后，该镇凭借优先开发、优先招商的机制来提高农户的积极性，低成本、高效率地了解了资源底数与开发预期信息，为生态资源转变为经济效益打下了良好的基础。

2．打造开发平台

在五夫镇了解了资源底数与开发预期信息的情况下，为发挥"生态银行"的数字化、跨区域的长处，当地市政府成立了"生态银行"运营公司，当作生态资源开发的主平台；该镇注册了村办公司，二者共同组成多层次的开发平台体系。

此举便于引入专业机构，提高设计开发的质量，同时能降低资源收储成本以及农户违约风险。

3．配齐基础设施

五夫镇政府在完成上述两个步骤后，积极向上级申请支持资金来配置基础设施，如道路、标识等。这一举动能为当地各类生态资源发展打下坚实的基础。由于政府提供资金支持，外部资本的投资风险能被有效降低，投资者预期就能更稳定。

4．激发干部活力

"生态银行"模式的成功，离不开政策的大力支持与各级领导干部的努力。五夫镇有着优良的干部激励机制和容错机制，能将当地干部的热情有效激发。在各级政府的支持与干部的努力下，"生态银行"模式的"最后一公里"被成功打通。

4.2　培育本土化知名品牌

乡村振兴要"量体裁衣"，除了必须立足当地区位和资源优势以外，还应该全力培育本土化知名品牌。在这方面，贵银和喻屯镇是非常有代表性的案例。贵银实现了传统民族元素与现代设计的碰撞，而喻屯镇则通过打造"喻见"文化体成为水乡文化的优秀缩影。

4.2.1　贵银：传统民族元素与现代设计的碰撞

每个地域都有自己的"城市名片"。比如，银器是贵州最知名的特产；全聚德烤鸭是北京最有名的美食；瓷器是景德镇最有名的特产。这些独一无二的、带有当地特色的品牌，能给人们留下深刻的印象，带动当地经济发展。由此可见，培育本土化知名品牌是非常重要的。

本土化品牌对于乡村发展有重要的作用，能够为乡村聚集人气，发挥并强化乡村的特色优势，使乡村尽快实现振兴目标。培育本土化品牌主要包括五个步骤，如图4-1所示。接下来结合贵银的案例对这五个步骤进行具体解释。

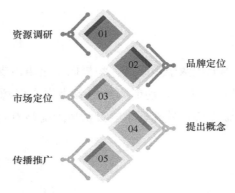

图4-1　培育本土化品牌的五个步骤

1. 资源调研

市场调研是通过走访调查，收集目标消费者以及市场现状的资料。乡村若想培育本土化知名品牌，必须先通过市场调研，了解当地有哪些特色资源适合打造成品牌，拥有哪些独特的优势和卖点。贵州银饰文化由来已久，它具有受众群体数量大、当地银矿资源丰富、销售利润丰厚、价值稳定、适合赠礼等优势，因此适合被打造成本土化知名品牌。

2. 品牌定位

品牌定位是指根据调研资料确定品牌的调性。贵银的品牌定位为传承、发扬当地银制作工艺及少数民族文化，培育本土化知名旅游商品公共品牌。通过品牌定位，进一步培育当地的新支柱产业，提高旅游业附加值。

3. 市场定位

市场定位是指根据市场状况确定品牌在市场中的位置。市场定位需要先明确品牌是什么、用途是什么，目标客户是谁、面临着什么问题，品牌能提供的理性利益是什么等多个方面的问题。然后就可以通过分析竞争对手情况，以及市场宏观、微观情况，来确定市场定位。

针对不同的客户群，贵银既有适合赠礼的本土老字号品牌，比如，黔艺宝、祥纹等；又有受年轻客户群喜欢的新生品牌，比如，唯也木、小银礼等。

4．提出概念

营销的概念是在前三个步骤总结出来的产品卖点，如小米手机的物美价廉、完美日记的国货护肤品等都是营销概念。这个概念需要符合品牌的气质，贯穿于营销活动的始终，比如，贵银提出的"食品级"银器具概念。

5．传播推广

在明确相关定位以及策略之后，乡村就要进行具体的传播推广工作了。推广要注意挖掘和特色产品契合度高的渠道，以保证传播的效率。

品牌故事可以增强品牌的辨识度，凸显品牌的个性和社会价值，同时让品牌具备持久的传播力，准确触达目标消费群体。因此，培育本土化知名品牌要建立品牌故事，以更生动、更人性化的形式接触消费者，扩大品牌影响力。

贵州省商务代表团曾出访奥地利。在此过程中，贵州"贵银"品牌与国际知名珠宝集团施华洛世奇进行了合作，"贵银"与水晶结合，诞生了"走出山外"的动人故事。

4.2.2　喻屯镇：打造"喻见"文化体

培养本土化品牌必须结合当地的实际状况来进行。下面结合山东省济宁市喻屯镇的案例，来看看乡村可以从哪些角度来培养本土化品牌。

1．地理角度

喻屯镇是典型的滨湖涝洼地区，其境内分布着 7 条大小不一的河流。此镇为嘉祥、微山等五地交汇之处，被誉为"五域交汇物华地，七河纵横天宝盆"。依据这种得天独厚的地理优势，该镇打造了第一个"喻见"文化体——

"喻见"水乡文化。

2. 人文角度

喻屯人依水而生，当地水产丰富，捕鱼打猎是当地人的传统维生手段。因此，该镇的渔猎文化十分发达。渔民们拥有成熟的渔网编织技艺，现已成为当地的非物质文化遗产。据此，该镇打造了第二个"喻见"文化体——"喻见"渔猎文化。

3. 历史角度

喻屯镇城南张村北是汉代亢父故城遗址，作为研究汉代历史及城址变迁的重要资料，其 1992 年被列为省级重点文物保护单位。据此，该镇打造了第三个"喻见"文化体——"喻见"历史文化。

4. 饮食角度

"喻屯甜瓜"是国家地理标志产品。近年来，当地政府组织瓜农与电商平台展开了线上合作关系，使"喻屯甜瓜"走出喻屯、走上高铁、走向全国。据此，该镇打造了第四个"喻见"文化体——"喻见"美食甜瓜文化。

5. 艺术角度

当地特色的曲艺品种——落子，属于传统戏曲艺术，是国家级非物质文化遗产。落子采用俚语进行表演，手口并用，表现力极佳，备受当地百姓欢迎。据此，该镇打造了第五个"喻见"文化体——"喻见"落子文化。

此外还有"喻见"艺术华拳文化、"喻见"老豆腐文化、"喻见"小龙虾文化等。喻屯镇立足当地独特资源，打造"喻见"文化体的思路值得各乡村思考与学习。

第二篇

科技赋能

第 *5* 章

大数据赋能农业发展

在政策支持与数字经济快速发展的双重推动下，大数据迎来了发展机遇期。推进大数据的布局与应用，促进大数据与农业生产的深度融合，利用大数据为农业发展赋能，已经成为农业突破发展瓶颈的重要手段。本章主要探讨在时代背景下，农业大数据的真正含义，大数据将如何为农业发展赋能，以及我国对农业大数据的应用进行了哪些积极尝试。

5.1 什么是农业大数据

农业大数据是一个很难用普通方法处理和分析的数据集合，具有类型多样、规模巨大、价值密度低、精确度高、复杂度高等基本特征，使农业内部的信息流得到了深化。掌握农业大数据对推动乡村振兴有很大作用，本节便对其基本内涵和主要任务进行讲解。

5.1.1 农业大数据的基本内涵

农业大数据涉及耕地、播种、施肥、杀虫、收割、存储、育种等多个环节，是跨行业、跨专业、跨业务的数据集合。农业大数据通常可以分为两类：结构化数据、非结构化数据。随着物联网、人工智能等技术应用于农业，非结构化数据呈现出快速增长的趋势。如果从农业的产业链条来看，农业大数据又可以细化为以下几类。

（1）自然资源数据，主要包括土地资源数据、水资源数据、劳动力资源数据、气象资源数据、生物资源数据、灾害数据等。此类数据可以帮助农民了解当地的环境条件和物质条件是否适合发展农业，并判断农作物是否适合种植。

（2）生产数据，主要包括良种数据、育苗数据、播种数据、土壤微量元素含量、土壤 pH 值、化肥数据、农膜数据、灌溉数据、农机数据、农情数据、农作物个体特征、大棚环境情况等。此类数据可以帮助农民建立生产预警模型，对农业生产进行智能管理，同时也可以让农民更精准地预测下年度的粮食产量。

（3）市场数据，包括市场供求数据、价格行情、生产资料、农产品价格及利润、流通市场信息、国际市场信息等。掌握此类数据的农民可以提前了解市场行情，科学安排农业生产，使市场维持一个供需平衡的状态。

（4）管理数据，主要包括国民经济信息、国内生产信息、对外贸易数据、农产品动态信息、上下游经营情况、农产品加工数据。在上下游企业互利共赢的条件下，此类数据可以实现对农产品生产过程的追溯，更好地帮助经营主体设计销售路线，实现利润最大化。

随着农业的不断进步和技术的广泛应用，农业大数据的作用也越来越重要，我国需要借助农业大数据开拓新局面，实现农业现代化、智能化的跨越式发展。

5.1.2　农业大数据的主要任务

围绕与大数据相关的理论和技术，我国不断推进农业大数据的创新，希望可以结合农业现代化目标，突破农业大数据的关键技术，发展一批农业大数据的实践项目，进一步提升农业大数据的战略，抢占大数据时代的技术制高点，积极推动智慧农业发展。

农业大数据的作用非常重要。农业大数据能够帮助农民对农业生产进行调控，记录农业生产过程，分析农产品在流通过程中的动态变化。在农业大数据的助力下，农民可以制定农业生产调控和管理措施，促进农业有序发展。

为了实现农业产业结构转型升级，加快智慧农业的发展进程，及时掌握农业的发展情况，我国需要依托农业大数据及相关技术建设农业大数据分析平台。这个平台可以在农情监测、农业设备智能化、农业大数据采集与储存、决策管理信息发布等方面发挥作用，能够为科研院所、政府、农业企业等提供个性化服务。

5.2　大数据如何赋能农业发展

随着万物互联时代的到来，大数据分析将带领传统农业进入大数据的殿堂。未来，温度、湿度、土壤含量等数据都将被精准地监测，进而促进农作物育种更具科学性。此外，通过大数据加强环境监测、串联农业产业链等与农业息息相关的优势也会更好地展现出来。

5.2.1　加速农作物育种

从某种意义上说，农作物育种是不同优良等位基因的重新排列组合。早先，这项工作往往依靠的是专家的肉眼观察和主观判断，专家需要筛选出可以高产、抗性强的育种材料；后来，这项工作逐渐趋于职业化，专家可以提前设计杂交育种试验，并从后代中挑选出比较好的品种进行栽培；现在，大数据打破了"经验为王"的模式，将这项工作变得更精准、高效。

自大数据出现并应用于农业以来，有关育种的海量基因信息都可以被提取出来。专家可以根据这些信息对育种进行假设验证和试验规划，有效减少育种过程中消耗的经济成本，避免可能发生的基因风险，从而更高效地培育出对人类健康更有好处的农作物。

现在是各项技术突飞猛进的时代，同时育种领域也步入崭新的阶段。之前，我国在育种和农作物品种研发方面的能力确实有待提高，但大数据的出现无疑改善了这种情况。如今，借助大数据、人工智能、物联网等技术快速发展，我国的技术竞争力有了很大提高，科研创新成果的转化也得到进一步加强。未来，技术将为农业带来更多可喜变化。

5.2.2　精准预测市场需求

大数据应用于农业可以直接将生产者（农民）和消费者连接起来，有效解决农民盲目生产的问题。目前对于农民来说，买贵、卖难、滞销的现象十分常见。在这种情况下，消费者不仅要为价格比较高的农产品买单，农民还要面临农产品丰产却滞销的风险。

例如，之前海南荔枝大丰收，即使价格低至 2 元/斤，也还是很少有人收购；还有，三潭枇杷虽然大丰收但没有销路，导致不少枇杷瓜熟蒂落，最终只能归于泥土。这样的案例还有很多，其主要原因就是产销信息不对称，农民无法精准预测市场需求。

而大数据所具备的强大的数据分析能力将从源头上解决买贵、卖难、滞销等问题。农民可以采集农业生产过程中的所有数据，实现农业生产的供需平衡。此外，农民也可以通过大数据系统进行市场需求分析，形成市场需求报告，对农业生产进行提前规划，降低滞销风险。

5.2.3　农产品可追溯

2017 年，在美国，Maradol 牌木瓜引发了非常严重的沙门氏菌疫情，不到一个月的时间就有 170 多个人受到感染。虽然美国疾病预防控制中心已经知道有安全问题的木瓜来自哪里，但其中的一大部分无法被追踪和召回，从而导致受到感染的人越来越多。

如果当时与 Maradol 牌木瓜相关的所有数据都可以记录和存储下来，那美国的沙门氏菌疫情可能早就已经被阻断。至少，这些数据可以让美国疾病预防控制中心找到哪些木瓜有安全问题，以及哪些木瓜已经被运送或销售出去。

相关部门和生产商可以通过大数据加强农产品供应链管理，实现对相关数据的采集、挖掘、分析，这可以带来很多好处。例如，为农产品供应提供更优质的数据服务；提高农产品的流通效率；从源头上保证农产品安全，防止食源性疾病发生。

目前，绝大多数生产商都会在农产品的外包装上贴一个二维码，这个二维码记录了一些非常重要的数据，如原材料产地、农产品加工地、处理方法、储存温度等。农产品供应链上每个环节的工作人员可以通过这个二维码对数据进行查询。有了这个二维码，当农产品出现问题时，消费者就可以直接找到问题源头，从而更好地保护自己的利益。

盒马鲜生是阿里巴巴旗下的一个新零售代表，其"日日鲜"系列的土豆、西红柿、苹果、橘子等农产品已经实现了全程动态化追踪。通过扫描农产品上的二维码，消费者可以获得生产基地照片、农产品生产流程、生产商资质、农产品检验报告等信息。这方便了消费者对信息进行查询，也提升了消费者对盒马鲜生的信任度和喜爱度。

盒马鲜生深入农产品供应链源头，对生产商资质、农产品安全生产等环节进行全方位管理。盒马鲜生采用二维码追溯、无线采集、大数据、物联网等技术保障农产品安全，实现了农产品供应的全程数字化监控，让消费者能够买到更安全、更放心的农产品。

5.2.4 加强环境监控

值得注意的是，随着农业不断发展、规模不断扩大，农民需要面临环境数据增多、监控范围进一步扩大的挑战，大数据则是应对这些挑战的关键技术。我国必须完善环境监控网络建设，加强环境监控，提升环境监控质量，落实政府、企业、社会的责任与权利，为环境保护提供强大保障。

通过引入远程视频监控系统（如图 5-1 所示），农民可以采集农作物生长过程中的各项数据，再将其上传至云端数据库，对农作物所处的环境进行实时监控和分析，提高对农作物种植面积、生长进度、产量的关联管理能力。有了远程视频监控系统，农民可以降低气候灾害带来的损失，当环境出现异常情况时采取科学的应对措施，不断提高农业生产效率和农作物产量。

图 5-1　远程视频监控系统

5.2.5　串联农业产业链

如今，在消费升级、农业转型升级的影响下，产业链的地位得到提升，对于经营主体来说，通过大数据打造垂直一体化的产业链成为当务之急。产业链是从农产品生产到消费者反馈的完美闭环，需要对农产品流通过程中的每个环节进行标准化控制，如图 5-2 所示。

产业链要做到垂直一体化，最关键的是打通上、中、下游之间的关系。上游要控制农产品质量，中游要提高针对农产品的精加工能力，下游要进行品牌建设。当农业形成垂直一体化的全产业链后，各环节的运作将十分流畅，经营主体所耗费的成本也将大大降低。现在产业链走向垂直一体化已经是不可逆转的趋势，这得益于以大数据为代表的一系列技术的支持。

图 5-2　产业链闭环

5.3　我国对农业大数据应用的尝试

农业大数据让农业进入了发展新阶段，对此，我们应审时度势、超前布局，积极推进农业大数据应用。这样有利于建设现代化农村，促进乡村振兴战略顺利实施。每个国家都必须深刻认识农业大数据应用的重要性和紧迫性，尽快完成农业信息化转型。

5.3.1　建设农业大数据中心

农业要想实现高质量发展，信息管理非常关键，建设农业大数据中心也很有必要，这可以充分发挥农业大数据在农业方面的创新活力。例如，武汉禾大科技有限公司（以下简称"禾大科技"）与陕西红果果业农业发展公司达成合作，前者为后者搭建农业大数据中心，帮助后者实现对果园的实时监控，提升种植的科学性和种植决策的合理性，促进苹果产业进入大数据时代。

有了禾大科技的农业大数据中心，苹果的种植和管理变得非常便捷，农民只需要坐在电脑前就可以进行浇水、施肥、病虫害预防等工作。农业大数据中心可以向农民展示土壤湿度、空气湿度、降雨量等实时数据，也可以帮助农民查询这方面的历史数据，如图 5-3 所示。

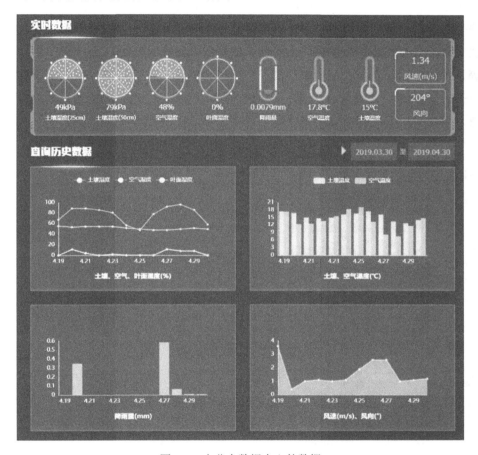

图 5-3　农业大数据中心的数据

借助农业大数据中心，农民不仅可以实现果园精准作业，也可以推动苹果产业的高产、高质、高效。未来，禾大科技还将以农业大数据促进苹果产业发展，为果园定制有利于苹果生长的悬浮肥产品。在国家政策的支持下，越来越多像禾大科技这样的企业为推动数字化生产竭尽所能，让农业尽快走向自动化与智能化时代。

5.3.2　建设智慧农业平台

传统农业生产存在诸多问题，例如，一些地区还在使用手工种植模式，最终收获的农产品质量不高且影响了农民的经济效益。此外，农业生产要素的数据无法及时采集，农民对农业生产难以进行科学干预也是亟待解决的问题。智慧农业平台能够很好地解决这些问题，该平台以大数据、5G、云计算、物联网等技术为依托，集成农业资源与信息，通过智能化管理促进农业生产。智慧农业平台输出智慧农业解决方案，可以实现智能控制、智能决策，支撑精准种植，以及智能农机管理等，促进农业生产数字化转型，助力乡村振兴。

智慧农业平台通过智能化管理打造智能化农业生产模式，其应用主要体现在以下四个方面，如图 5-4 所示。

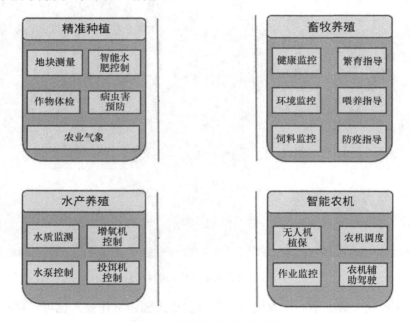

图 5-4　智慧农业平台的应用

1．精准种植

智慧农业平台在精准种植方面的应用主要包括地块测量、智能水肥控制、作物体检、病虫害预防、农业气象等方面。

2．畜牧养殖

智慧农业平台在畜牧养殖方面的应用主要包括健康监控、环境监控、饲料监控和繁育指导、喂养指导、防疫指导等方面。

3．水产养殖

智慧农业平台在水产养殖方面的应用主要包括水质监测、增氧机控制、水泵控制、投饵机控制等方面。

4．智能农机

智慧农业平台在智能农机方面的应用主要包括无人机植保、农机调度、作业监控、农机辅助驾驶等。

通过智慧农业平台在这些场景的应用，利用大数据收集信息的科学性和全面性，以及人工智能在数据分析上的高效能，农民可以做出精准、科学的决策。同时，通过农业生产中的各种智能农业设备，农业生产的效率可以得到极大提高，农民也可以获得更丰厚的效益。

5.3.3　智慧农业 App 的推广

随着技术的不断发展，很多线下产业都已经通过技术升级完成优化转型，农业当然也不例外。我国为了让农业更好地适应新时代，鼓励各类智慧农业 App 的开发与应用。农民可以在智慧农业 App 上获取农业资讯，实时监控农作物的生长情况。

还有一些智慧农业 App 经过不断迭代已经具备了更多功能，包括种植管理、产品溯源、金融服务、农业保险等，其功能界面示例如图 5-5 所示。

现在很多农民都比较繁忙，可能无法亲力亲为地完成各项工作，而智慧农业 App 则可以解决这个问题。为了帮助农民节省时间，减轻农民的劳动压力，智慧农业 App 通常有远程操作功能，使农民可以在足不出户的情况下完成各项工作。智慧农业 App 对于促进农业转型升级起着重要作用，深受资本市场青睐，获得了非常不错的发展。

图 5-5　智慧农业 App 的功能界面示例

第 **6** 章

物联网助推精耕细作

以物联网为代表的先进技术对农业的影响超乎想象。在物联网时代，农业有了新的发展机遇，商业格局将被重新洗牌。面对着这样的巨大变革，我国必须迎着风口而上，实现从农业大国走向农业强国的目标。

6.1 物联网在农业实践中的意义

在我国，农业不仅是乡村赖以生存的根本，也是促进经济稳定发展的重要动力。但目前，随着人口的增长以及城镇化建设的推进，农业正在面临着十分严峻的挑战。要想顺利应对挑战，我国必须进行技术开发，例如，将物联网与农业融合，实现农业的提质增效。

6.1.1 实现高效的农业远程诊断

以前在进行农业远程诊断时，由于交流的实时性不够，专家看到的画面很有可能是在之前就已经发生的事情，等专家收到信息再把指导意见传输回去后，农民的种植工作很可能已经被耽误了。现在，基于物联网的农业远程诊断系统让专家与农民实现了实时交流，保证诊断的及时性和精准度。

农业远程诊断系统的出现打破了时间和空间的限制，即使是身处偏远地区的农民，只要有终端设备以及农业现场的照片或相关数据，就可以享受该系统提供的服务。农业远程诊断系统会根据照片和相关数据为农民提供合理建议，帮助农民尽快挽回损失。

农业远程诊断系统通常由远程诊断箱和远程诊断云平台两部分组成。其中，远程诊断箱负责采集农业现场的视频、气象情况、水质等各类信息，支持专家在当地进行查看、回放及存储；远程诊断云平台会整合这些信息，帮助农民与不同地区的多个专家进行双向语音交流，共享农业数据，一起提出最合适的解决方案。

专家可以登录农业远程诊断系统，远程指导农民进行灌溉、除草、施肥等操作。这样不仅改善了农村地区专家比较缺乏的现状，也为我国实现智慧农业起到了重要推动作用。总之，农业远程诊断系统是农民的"好帮手"，可以让农民更准确、及时地解决农业问题。

6.1.2 便捷的"云"养"云"放模式

物联网系统在农业领域得到了广泛应用，融合了包括物联网、云计算、移动互联网在内的多项技术，可以实现便捷的"云"养"云"放模式，接下来从四个方面对此进行说明。

（1）远程自动控制。当物联网系统监测到农业生产现场的某些参数，如空气湿度、光照强度、二氧化碳浓度等已经严重超标时，农民就可以通过电脑或手机对风机、卷帘机、灌溉机等设备进行"云"控制，及时改善农作物生长的环境。

（2）随时掌握数据。物联网系统内嵌监控中心，可以在结合园区平面图的情况下帮助农民随时掌握农业生产现场的各项数据，如土壤数据、气象数据等。此外，监控中心还可以对农机等设备的运行状态进行实时监控和管理。可见，农民可以借助物联网系统非常轻松地掌握各种各样的数据，同时还可以监控所有设备的运行状态。

（3）智能自动预警。农民可以根据农作物生长所需的条件对物联网系统进行预警设置。只要农业生产现场出现了异常情况，物联网系统就会自动向农民的电脑或手机发送警报，如高温警报、高湿警报、强光照警报等。而且，当达到预警条件后，物联网系统还可以自动控制农业生产现场的设备，这些设备也会在第一时间自动处理异常情况。

（4）视频图像实时监控。农业生产现场安装的视频监控设备可以全天候不间断地观察和采集农作物生长信息，同时还可以将与之相关的图像进行有序储存。如果农民在农业生产现场安装了多个视频监控设备，就可以进行全方位查看，不仅能实现对农作物生长情况的远程观察，还可以对农业生产现场和农作物的生产情况进行录像并随时回放。

正是因为有了上述功能，物联网系统才可以在农作物生长过程中发挥重要作用。现在已经有越来越多的农民开始引入此系统，这也在很大程度上推动了我国农业的持续发展。

6.2　农业物联网如何工作

农业是一个基础性行业，在过去一直处于缓慢的发展状态；但随着技术的进步和经济的发展，这样的情况显然已经不复存在。现在农业物联网已经开始发挥作用，正在改变以个人经验为中心的传统农业模式。那么，农业物联网是如何工作的呢？本节就来解答这个问题。

6.2.1　感知层：传感器监测环境数据

农业物联网工作流程的第一层是感知层。感知层主要依靠传感器来收集信息。以农业气象监测系统为例，它是由传感器、采集器、支架、气象后台四部分组成的，是现代农业用来收集天气信息、掌握环境变化的工具，如图 6-1 所示。

图 6-1　农业气象监测系统

　　传感器是农业气象监测系统最核心的部分。它能够监测所有环境数据，包括风速、雨量、温度、湿度等，这也是其最重要的作用。不同的功能需要配备不同传感器，彼此独立，互不影响。下面以水产养殖为例来看一下，水产养殖场传感器及环境参数见表 6-1。

表 6-1　水产养殖场传感器及环境参数

传 感 器	环 境 参 数
水温传感器	养殖场水温
pH 传感器	pH 值
溶氧含量传感器	溶氧含量
浊度传感器	水质浑浊度
电导率传感器	电导率
亚硝酸盐含量传感器	亚硝酸盐含量
…	…

　　水产养殖控制系统通过各种传感器来实时获取各种数据。例如，通过水温传感器获得养殖场水温，通过 pH（酸碱度）传感器获取 pH 值，通过溶氧含量传感器获取溶氧含量等。

　　气候是影响农作物生长的关键因素。而传感器能够实时报告天气信息，帮助农民掌握第一手的天气状况。农民可以根据这些实时天气信息对农作物进行及时保护，避免农作物受到不良气候的影响。

因此，在现代农业生产中，传感器越来越受到农民的青睐。但若厂家生产的农业传感器质量良莠不齐且性能不稳定，寿命极短，反而会影响农业的生产效率。故而选择合适的传感器对农业生产非常重要，选择传感器主要从材料、稳定性两个方面进行考虑。

1．材料

因农业大棚里的温度和湿度都非常高，所以农业传感器的材质要做到防水、抗腐蚀、耐高温、防真菌。例如，目前被广泛应用在农业生产领域的陶瓷电路板和陶瓷基板就是比较稳定的材料，不仅抗腐蚀而且热膨胀系数高。

2．稳定性

传感器的稳定性决定其能否及时传输数据。农民在选择农业传感器时，要尽量选择校正周期长的。因为传感器大多放置在田间，人工校正操作时非常不方便，而且校正成本也非常高。如果需要经常校正传感器，就会耗费大量的人力成本，传感器的便捷性会受到影响。

6.2.2　传输层：实现硬件与软件的通信

农业物联网工作流程的第二层是传输层。传输层主要依靠采集器，采集器能收集传感器监测到的数据，然后将数据传输至后台。通过硬件与软件的实时通信，农民能从后台直接看到传感器监测的数据。采集器和传感器不一样，它需要被放在密封性好的地方，避免外界环境的干扰。

实时掌握农业生产的各方面数据是许多农民的愿景。传统农业无法建立这种信息传输机制，主要原因在于网络资源有限，响应机制延迟频率高、时间久。而在现代农业中，发展迅速的 5G 技术依靠其大带宽、低时延、高传输率的特性，为建立万物互联的平台提供了强大的技术支持。它是实现万物互联的关键所在。

5G 所具有的低时延特性满足了农业领域对于新技术的使用需求，使农民得到良好的使用体验，不需要长时间等待。仅 2020 年一年，便有数以万计的农业机器搭载 5G 网络进行物联网的落地应用。

5G 的低时延特性促进了农业物联网模式的发展，改善了采集系统响应延迟性高的弊端，更好地发挥了物联网在农业生产方面的作用。

6.2.3 应用层：分析数据，实施调控

农业物联网工作流程的第三层是应用层。传感器监测信息，采集器收集信息，这些信息经无线传输汇总至后台，再由后台电脑进行数据分析。

以水产养殖为例，物联网应用到水产养殖方面，可为其建立完善的控制系统，有效地解决传统水产养殖过程的弊端。水产养殖控制系统可实时采集养殖水环境信息，生成异常报警信息和水质预警信息；可根据分析结果，实时自动控制养殖控制设备，如供暖、抽水、排污等，在科学养殖与管理的基础上做到节能、环保。

水产养殖控制系统具有以下几方面的功能。

（1）环境监测：对水环境（温度、pH 值、溶氧量等）实时监测。

（2）自动控制：调控水环境及自动与控制设备联动。

（3）指挥调度：调度、派遣水质场景内的装备。

（4）统计决策：对物联网信息进行统计分析，根据分析结果提供科学决策及统计报表。

应用层可以帮助农民对农作物进行 24 小时监控，一旦有风吹草动，农民可以根据相关信息进行科学决策。将物联网应用到农业生产中，不仅降低了农作物的生长风险，也提高了农民的生产效率和管理水平。

6.3 农业物联网解决方案

如今，物联网正在为农业提供更高效的解决方案——农业物联网。自农业物联网出现以来，农民的"手动劳作"生活发生了巨大改变，一些联网设备也已经很好地应用于种植、有害生物监测等领域。此外，"南果北种"在农业物

联网的助力下也成为现实。

6.3.1　大田种植

大田种植的特点是农作物生长环境可控、经济效益高，也是目前农业物联网应用比较多的领域。大田种植有特定的流程，如图 6-2 所示。

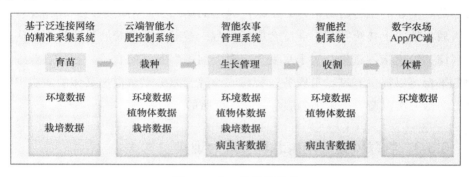

图 6-2　大田种植的流程

基于自身拥有的数据采集能力、视频图像识别能力、环境智能调控能力和水肥智能决策能力，农业物联网可以对田地里的农作物进行全维度监测，实现精准种植，同时也可以控制农作物的生长环境，增加农民的经济效益。

农业物联网将作用于大田种植的育苗、栽种、生长管理、收割、休耕等多个环节。在大田种植过程中，农业物联网通过精准采集系统、水肥控制系统、智能终端可以对大田种植各环节的相关数据进行采集，为农民进行科学化决策提供重要依据。

6.3.2　农业农林病虫害监测

病虫害是主要的农业灾害之一，必须及时预防，否则一旦大面积流行，会对农业生产造成重大的损失。病虫害监测的主要内容包括评估病虫害是否流行、严重程度，以及是否需要防治、防治时机等。系统会针对上述评估结果及时发出预警，指导农民及早制定应对方案。

病虫害种类非常多，传统的病虫害预防对农民的技能和经验有较强的依赖性，预防的效果参差不齐。因此，科学的预防手段必须摆脱对人的依赖，把众多专家的知识和经验转化为可快速复制、普遍应用的通用准则，让农民能第一时间享受专业服务，及时避免病虫害。

智慧农业综合服务平台结合历史气象资料和病虫害资料，通过物联网、大数据、机器学习等技术建立病虫害知识图谱，整合病虫害识别、防治手段等相关技巧，构建病虫害防治体系。未来，典型的病虫害防治场景为：农民发现病虫害后，拍照上传至智慧农业综合服务平台；智能诊断系统通过照片识别病虫害病情并给出指导意见；对于享受"一对一问诊"服务的农民，智慧农业综合服务平台可以提供专家贴身服务；智慧农业综合服务平台根据具体的病虫害识别、防治方案以及农民定制的服务，安排优质的上门服务。

6.3.3 物联网让"南果北种"成为现实

"淮橘为枳"是每个人自小就听过的故事，意思是南方的橘树不能栽种到北方，否则因为气候、土壤、水质等因素的不同只能结出枳，即味道酸苦的果子。环境对植物的生长有着关键性作用，无视它的影响在传统农业生产方式中是不可能的，而现今出现的"物联网+5G"技术，却可以做到让"南果北种"成为现实。

山东省济南市莱芜区的智慧农业科技园（以下简称科技园）基于"物联网+5G"技术，运用大数据和云管理平台，让莲雾、柠檬、木瓜等热带水果在北方地区顺利生长。北方人民从此就可以实现在家门口看见、吃到热带水果的愿望。

科技园主要由大数据中心和数字化种植园组成，利用"物联网+5G"技术，通过数据的力量替代人力，改变了传统的农业生产认知，将自身打造成全天候、全季节生产的高效农业产业基地，从而促进莱芜区的可持续发展。

运用基于物联网的数据监测设备，农业生产现场的气候情况可以根据农作物生长状况进行调节，解决了农民之前"靠天吃饭"的问题。此外，为保证传感器能够及时采集与农作物生长状况相关的数据，并实时进行影像传输，科技园实行 5G 全覆盖。借助 5G 的高速度、低时延、广连接的特性，保证数据上传的实时性。

科技园内采用的相关技术可以实现对农业设备的远程精准控制，大幅减少了水、肥、药的使用量，比人工种植更科学、损耗更少。农民只需在家用手机查看回传的实时数据，再结合大数据中心的分析，遥控调节科技园内的灌溉、施肥、打药等工作即可。

"物联网+5G"技术应用于农业，用数字化的生产和管理模式降低其运营成本，同时使农作物种植的生态价值浮出水面。由此，一二三产业融合发展，形成了具有可持续发展能力的农业，为农民面临的难题提供了以数字化为基础的解决方式。

我国是农业大国，农业发展始终在各大产业发展中处于重要的位置。目前，传统农业生产方式的弊端逐渐显露出来，农业急需向科技化、产业化、规模化、智能化转型。物联网革新了农业，5G 升级了设备的控制能力，这些技术势必成为传统农业向智慧农业演进的强大动力。

第 *7* 章

人工智能打造无人农场

联合国粮食及农业组织总部预测，到 2050 年，全球人口总量将超过 90 亿人，这些人口对粮食的需求量将增长 70%。然而，由于土地资源不足、病虫害鉴定困难等问题，农业现状并不很乐观。人工智能（Artificial Intelligence，AI）作为一项新技术，在改善农业现状方面展现出了非常强大的实力，让农业设备越来越"聪明"，使无人农场迅猛发展。

7.1　越来越"聪明"的农业设备

"农业+人工智能"已然成为一个不可忽视的发展趋势，对于广大农民而言，这无疑是一次农业大变革。在此次变革中，农民会经历一次思想上的重要变革。与此同时，农业设备也会有更多功能，如辨别病虫害、进行牛脸识别、改良农作物等。

7.1.1　AI 辨别病虫害

粮食产量本就有限，病虫害更会导致其大幅下降。人类历史上有多次因为病虫害而造成粮食大幅减产的事件。所以，及时发现和处理农作物的病虫害相当重要。生物学家戴维·休斯（David Hughes）和农作物流行病学家马塞尔·萨拉斯（Marcel Salathé）曾运用人工智能的深度学习算法检测病虫害。

他们用计算机测试了 5 万多张图片，计算机从中识别出多种农作物的病虫害情况，最终的正确率高达 99.35%。研究表明，利用视觉技术，计算机可以通过分析图片的方式，及早发现人类肉眼难以发现的病虫害。

在识别病虫害方面，Prospera（以色列特拉维夫的农业科技企业）就是典型的案例。该公司利用视觉技术，对自己收集的图片进行分析，深度学习病虫害特征，进而了解和报告农作物的实际生长情况。通过人工智能的预警，农民可以尽早发现和预防病虫害，有助于减少农作物的损失，提高粮食产量，增加收益。

7.1.2　科学的农事安排：适时除草、灌溉

利用设置在田地里的摄像头和传感器等设备，人工智能可以帮助农民收集田间粮食作物的生长状况以及微气象数据，如温度、湿度等，从而对粮食进行实时分析。

当发现杂草过多而影响粮食作物正常生长时，系统就会自动提醒农民进行除草安排；当土壤的湿度低于粮食作物所需要的湿度时，系统就会自动开启灌溉设置来进行浇水，还可以根据网站信息智能查询未来几天的天气状况从而调节灌溉的水量。

Arable 是一家为农民打造智能农业系统的企业，该企业利用一种智能传感器将农田里的各种信息，如粮食作物的蓄水量、果实的数量等收集起来。这些信息都是实际的测量值，有极高的可信度。根据这些信息总结出的智能化建议有合理依据，由此产生的自动化措施在实施时也就有科学支撑，农民可以更精准地安排种植等方面的工作。

7.1.3　AI 牛脸识别，准确获得牛群的信息

对于畜牧业（如养牛业）人工智能也有大用途。动物学家研究发现，当农场上出现人类时，牛会误以为人类是捕食者，从而产生紧张情绪，这会对牛肉、牛奶等一系列农产品造成负面影响。利用人工智能管理牛群，就能很好地解决这个问题。

通过智能识别，人工智能可以根据农场中的摄像装置准确锁定牛脸及其身体。经过深度学习后，人工智能还能分辨牛的情绪状态、进食状态和健康情况等一系列数据，然后告诉养殖者牛群的信息，为养殖者提出建议。

养殖者可以做到即使不出现在农场，也依然能够准确获得与牛群相关的信息。例如，荷兰人工智能创业企业 Connecterra 在这方面做得非常不错。该企业的研究者开发了"智能奶牛监测系统"，利用摄像头跟踪每头奶牛的行踪，经过智能分析后将系统得出的结论和现场的实时录像回传给养殖者作为参考。该企业凭借这个系统获得了 180 万美元的种子轮投资。

这个系统以谷歌的开源人工智能平台 TensorFlow 为基础，利用智能运动感应器"Fit Bits"获取奶牛的运动数据，以此作为奶牛的健康情况参考。通过对奶牛的日常行为，如行走、站立、躺下和咀嚼等进行深度学习，这个系统能够及时发现奶牛的不正常行为。例如，某头牛平常吃三份干草，今天只吃了一份，而且活动量也比以前少，这就会引起系统的预警。

上述案例让使用人工智能养牛的优势显而易见。一方面，养殖者无须浪费太多时间在农场巡视就可以获知每头牛的位置和健康情况；另一方面，牛群不用担心有人类出现，可以轻松地在农场生活。可以说，人工智能既减轻了养殖者的工作，又提高了养殖产品的质量。

人工智能在畜牧业中的应用减轻了人类的工作负担，也为打造智能农场提供了极大帮助，并为之后各项技术的大规模应用和推广带来了无限可能。

7.1.4　AI 改良农作物，培育新品种

很多专家认为，现代农业的核心目标是研发和培育出更多新品种。在这

个方面，深度学习可以带来不少好处，最具代表性的一个优点就是让农作物育种过程得到更精准、有效的改进。在农作物育种领域，深度学习正在帮助农作物育种专家研发和培育更高产的种子，以更好地满足我国人民对粮食的巨大需求。

从很早之前，一大批农作物育种专家就开始寻找特定性状，一旦真的找到，这些特定性状不仅可以帮助农作物更高效地利用水和养分，还可以帮助农作物更好地适应气候变化、抵御病虫害。不过，要想让一株农作物遗传一项特定性状，农作物育种专家必须找到正确的基因序列。这件事情做起来不容易，因为他们很难知道哪一段基因序列才是正确的。

在研发和培育新品种时，农作物育种专家面临着数以百万计的选择；然而，自从深度学习这一技术出现后，十年以内的相关信息，如农作物对某种特定性状的遗传性、农作物在不同气候条件下的具体表现等就可以被提取出来。

拥有了这些远远超出某一个农作物育种专家所能掌握的信息，深度学习就可以对哪些基因最有可能参与农作物的某种特定性状进行精准预测。面对数以百万计的基因序列，前沿的深度学习的确极大地缩小了农作物育种专家的搜索范围。

实际上，深度学习是机器学习的一个重要分支，其作用是从原始数据的不同集合中推导出最终结论。有了深度学习的帮助，农作物育种已经变得比之前更精准，也更高效。另外，值得注意的是，深度学习还可以对更大范围内的种子变量进行评估。

为了判断一个新的农作物品种在不同条件下究竟会如何表现，农作物育种专家已经可以通过电脑模拟来完成早期测试。短期内，这样的数字测试虽然不会取代实地研究，但确实可以提升农作物育种专家预测农作物表现的准确性。

也就是说，在一个新的农作物品种被种植之前，深度学习已经帮助农作物育种专家完成了一次非常全面的测试。而这样的测试也会使农作物实现更好的生长。

7.2 全面机械化助力无人农场的诞生

2017 年 7 月国务院印发的《新一代人工智能发展规划》明确提出，"到2025 年人工智能基础理论实现重大突破"，"部分技术与应用达到世界领先水平"，"人工智能产业进入全球价值链高端"，"新一代人工智能在智能制造、智能医疗、智慧城市、智能农业、国防建设等领域得到广泛应用，人工智能核心产业规模超过 4000 亿元，带动相关产业规模超过 5 万亿元"。

作为其中的一个重点项目，智能农业究竟是怎样落地的呢？这个问题和无人农场息息相关。无人农场是智能农业的重要组成部分，智能农业发展又将促进无人农场更好、更快地进步，二者相辅相成，相互助力，共同为乡村振兴"添砖加瓦"。

7.2.1 从机库到田间全程无人

随着技术的发展，无人化概念逐渐影响社会各领域，无人便利店、无人工厂、无人书店、无人机、无人驾驶等无人经营产业如雨后春笋般不断涌现。实际上，这里所说的"无人"不是真的没有人，而是人都被机器和技术取代，以此实现高效、环保、高收益的经营目的。

如今，随着人工智能的发展，无人系列又增加了一个新"成员"——无人农场。下面结合具体案例来看一下无人农场的优势。

春分是春耕备播的关键时期，农民会在这一天异常忙碌，然而，在山东淄博禾丰的无人农场，只有一台自走式喷灌车在进行灌溉作业，全然看不到农民的身影。这是因为这台喷灌车集合了 5G、物联网、人工智能等技术，能够对小麦进行精准灌溉。

这台自走式喷灌车不仅能提升灌溉效率，还能节约资源、降低生产成本，帮助农民从劳动中解放出来，有利于该地区的农业可持续发展。此外，无人农场不仅实现了工作自动化，甚至还可以让决策智能化。

无人农场的系统可以结合气候条件、土壤情况、温度、湿度等数据，计算各监控区域实时回传的农作物数据，自动判断浇水、施肥的时机以及肥料的配比，从而使农作物种植管理更科学、精细，大大提高了生产效率，实现从机库到田间全程无人的种植模式。

7.2.2　自动处理不确定性事件，无安全风险

对于无人农场来说，保证安全是第一要务。如果规避不了安全风险，先进的技术和智能设备就很难在无人农场中大规模应用。无人农场的核心是机器自动化和操作无人化，因此，我们首先要解决的是安全问题。

无人农场的最低安全要求是机器可以自动处理不确定性事件，及时躲避障碍物，防止与障碍物发生碰撞。此外，各类机器可以协同作业也非常重要，这也是降低安全风险的有效措施。例如，在建三江无人农场中，无人驾驶收割机匀速直线向前行进，粮食依次倒下并自动存入机身，等到接近满载时，接粮机准时出现，将粮食全部接手运回粮仓，如图 7-1 所示。

图 7-1　无人驾驶收割机与接粮机协同作业

在技术越来越先进的情况下，无人农场变得越来越安全，以往更多出现在影视资料中的场景被"搬"进现实。同时，以建三江无人农场为代表的现代农业，向国家和人民提供了农业自动化与智能化的经典案例。

7.2.3　动态调整决策

农民在进行农业生产时，很多工作都是通过无人技术来完成的，一些比较重要的决策也需要借助无人技术来制定和调整。例如，智能系统可以帮助农民了解哪块田地需要施肥或除草，并根据农作物的长势决定施肥数量和除草强度。

在无人农场中，自动化决策通常需要经历两个阶段，这是一个循序渐进的过程。在初级阶段，决策是农民和智能系统共同制定和调整的，这项工作需要农民参与。也就是说，智能系统是人脑的延伸，国外也将这种模式称为有人值守的无人农场。

在高级阶段，无人农场可以实现真正的自动化决策，农民只需偶尔对智能系统制定的决策进行干预或调整。高级阶段的自动化决策让机器取代工人，由智能系统代替农民进行决策，有利于推动农业生产由"经验为王"转向"算法为王"，使农民得到彻底解放。

7.3　无人农场的成功试验

人工智能与农业融合可以释放强大能量，这些能量现在已经蔓延到了无人农场方面，而且出现了很多极具代表性的案例。例如，恒大（集团公司）打造智慧温室，实现全年高产；长沙市望城区借助人工智能实现水稻耕、种、管、收等生产环节的全自动管理。

7.3.1　恒大：打造智慧温室，实现全年高产

利用高新技术发展智慧农业是当下一个热点话题。许多知名企业，如阿里、京东、恒大等纷纷加入了这个领域。其中，恒大更是从 2016 年开始便一

直在尝试智慧农业项目。

1．上海崇明的智慧温室

恒大在上海现代农业园建设高科技智慧温室，运用最顶尖的农业技术、农业设备和管理经验，采用精准环境控制技术、物联网技术和机械自动化技术等，实现季节不间断生产。将整个生产过程标准化、智能化，全方位打造高产高效的新型农业。

智慧温室是恒大在农业投资中的尖端项目，是现代设施农业的高级产品，由环境控制系统、信号采集系统、中心控制系统组成。该系统可以调节温室内光、水、肥等因素，让温室始终维持在适宜农作物生长的最佳状况，彻底摒弃气候、季节变化带来的干扰，实现全年高产。

2．寿县高科技农业基地

安徽寿县与恒大合作，成立寿县高科技农业基地项目。该项目在寿县建立集智慧温室、农旅展示区、现代大农田以及高科技农产品加工区于一体的田园综合体。该项目用地超过 17000 亩，投入资金近 20 亿元，覆盖烟店村、刘岗村、郑岗村、双枣村、大拐村 5 个村。

3．汉南现代农业基地

恒大为湖北汉南投资 400 亿元，打造了集休闲、文化、旅游、农业于一体的现代农业基地。该项目首期选址在邓南街与东荆街地段，核心区共计 3 万亩，其中包括 30 万平方米的智慧温室和 2.7 万亩的农用地。不仅如此，恒大还计划建设现代大田农业、农业观光体验区、加工物流中心等，将汉南基地打造成具有现代化特点的多功能田园综合体。

以上这些项目都是恒大在智慧农业方面的成功尝试，恒大在几年前成立了"恒大高科农业集团"，并打算将其建设为技术优、实力强的一流高科技农业龙头企业。该企业一直积极投资智能农业项目，不断提高技术创新能力，发挥带头作用，进一步推动农业迈向新台阶，为国民经济发展做出更大贡献。

7.3.2 望城项目：水稻耕、种、管、收生产环节全自动

2021 年 4 月，湖南省长沙市望城区无人农场项目正式启动，无人拖拉机、抛秧机在田地间工作，引来很多人围观。望城项目主要包括四大板块：高标准农田、智慧农机、智能灌溉、天空地一体化精准农情遥感监测系统。

（1）高标准农田。望城项目严格按照高标准农田建设要求进行平地、修渠、整地等工作。现在望城区已经投资了 8.2 亿元，累计建设了超过 60 个高标准农田。

（2）智慧农机。望城项目的智慧农机（如图 7-2 所示）可以实现水稻耕、种、管、收等生产环节的自动化与智能化，全方位打造"全程机械化+无人农场"经典示范模式。

图 7-2　望城项目的智慧农机

（3）智能灌溉。望城项目致力于优化水利设施，实行排灌分离，建立智能灌溉系统，以减少输水损失，提高水资源利用率。

（4）天空地一体化精准农情遥感监测系统。天空地一体化精准农情遥

感监测系统是望城项目的智慧大脑，可以帮助农民采集关键信息。该系统现在已经与 5G、物联网、遥感监测等技术融合，建立了农业资源动态更新体系。

望城项目以"发展智慧农业、助推乡村振兴"为主线，积极应用机械化技术，进一步推动农业现代化。该项目所在地区获得了迅猛发展，已经成为智慧农业样板区，为我国其他地区转型升级提供了方向指引和方法论指导。

第 8 章

5G 实现高效农业

5G 在农业的应用将为智慧农业的打造和发展提供必要的技术支持。在 5G 应用中,智慧农业有广阔的发展前景,但也有未解决的难题。5G 可以与其他先进技术融合在一起,如云计算、大数据、人工智能等,共同构建综合服务平台,将智慧农业的应用范围进一步扩大。

8.1　5G 开启智慧农业新时代

智慧经济在农业中的表现可以总结为智慧农业,智慧农业是智慧经济的重要组成部分。5G 开启了智慧农业新时代,促进了智慧农业的大规模应用。在智慧农业方面,5G 可以发挥突破现有技术瓶颈、助推"拟人化培育"、破解信息不对称难题等作用。

8.1.1　5G 三大优势助力突破现有技术瓶颈

5G 究竟是什么?具备何种优势?有哪些意义?对于这样的问题,很多人也许不太了解,只会觉得 5G 也就是速度快一点,并没有什么特别的好处。但实际上，与 4G 相比，各大企业都在争夺的 5G 确实有自己的优势。5G 的优势如图 8-1 所示。

图 8-1　5G 的优势

1．高速率

5G 的下行速率可达 20 Gbit/s，上行速率可达 10 Gbit/s，这究竟是高还是低呢？我们可以通过与 4G 的对比来获取答案。一般来说，4G 的下行速率仅为 1 Gbit/s，比 5G 低了 19 倍，这样的突破不仅能让网络更顺畅，还提高了农民利用 5G 进行农作物管理的体验。

2．低时延

为什么需要"低时延"？人类的反应时间一般是 0.4 秒，即 400 毫秒，而 5G 的反应时间可以低到 1 毫秒。也就是说，如果出现紧急情况，5G 的反应速度要比人类快得多。此外，由于 5G 的低时延特性，农业机械操作的精准度和效率可以大幅度提高，智能系统也可以对农作物生长情况和土壤湿度等进行实时监测，从而为接下来的种植规划提供依据。

3．高密度

基于 5G 的高密度特性，以 5G 为承载，导航卫星系统（BDS）、地理信息系统（GIS）、遥感技术（RS）、传感器、物联网和计算机监控管理系统可以很好地应用于农业生产。有了这些先进技术的赋能，农业可以尽快进入智能时代。

在高速率、低时延、高密度三大亮点的助力下，5G 可以帮助农民更好地管理农作物生长过程，使农民快速、准确地识别农作物种类并统计种植面积，以将种植收益最大化。

8.1.2 人工智能与 5G 助推"拟人化"培育

因为融入了深度学习，人工智能越来越像人类的大脑，但大脑也有出现问题的时候，轻则反应迟钝，重则停止运转。虽然 4G 的时延可以低到 10 毫秒，但是这个时延与大脑的相比并没有优势。

例如，当我们用很慢的速度驾驶汽车时，如果遇到障碍，那么可以不用迅速刹车；但如果我们的驾驶速度非常快，那么刹车必须及时，稍微慢一点都是生死问题。这里的驾驶汽车就可以看作人工智能的发展，要想保证"安全"，就必须有可靠、通畅、快速的网络——5G。

人工智能与 5G 融合可以创造"拟人化"的培育环境，这不仅有利于农民掌握农作物生长规律，还能够进一步提高农作物产量。通过融合了 5G 的智能系统，农民可以全面、深入地了解农作物对生长环境和养分的需求，从而对农作物进行"拟人化"培育，使农作物能够在一个更符合自身生长规律的生长环境下顺利生长。

以后，使用人工智能的农民会越来越多，人工智能面临的数据传输与存储压力也会增加，所以，我们必须制订更有效的措施解决这个问题。前面已经说过，与 4G 相比，5G 具有高速率、低时延、高密度三大优势，这也就意味着，有了 5G 以后，人工智能将发生新的变化，如反应时间更短、用户体验更直观、应用模式更智能等。

8.1.3 农业数据共享破解信息不对称难题

我国的农业数据虽然规模大、种类多，但核心信息缺失、共享程度不高等问题也阻碍着其发展。因此，建立农业数据平台是必然趋势。近几年兴起的云计算、物联网、5G 以及大数据等技术为建立农业数据平台提供了坚实基础，可以帮助农民实现共享资源的目的。

农业数据平台包括共享管理平台、农业数据公共服务门户两大部分，可以在汇聚农业数据的基础上，帮助农民开发各类农业应用，实现农业数据与农业的深度融合。

（1）共享管理平台具有数据接入、数据管理、共享交换、数据分析、数据报表等功能。它可以帮助农民实现农业数据共享。例如，省、市、县的农业数据可以在此平台上共享、交换；企业数据、市场农业数据可以在此平台上接入与共享。

（2）农业数据公共服务门户。农业数据公共服务门户面向公众提供农业资源目录、数据检索、数据应用等服务，支持有需求的各类企业利用相关资源开发农业应用。

农业数据平台能够整合区域内诸如土地、气象、遥感、种植业、畜牧业、渔业、农产品加工等各方面的农业数据，充分发挥大数据的收集、分析能力并通过 5G 对这些农业数据进行高速传输与多维度展示，帮助农业部门、涉农企业做出更合理的决策。

8.2　快速串联与传输农业大数据

5G 的热度在不断攀升，很多企业都铆足了劲想将该技术引入农业，这既"好"也"不好"。"好"体现在这些企业看到了"5G+农业"的商机；而"不好"则体现在部分企业缺乏新型发展思维，没有找到正确的着力点。虽然现在的形势尚未明朗，但 5G 对农业的创新作用却不可忽视。例如，5G 可以使农业险进一步普及，也可以实现农产品可追溯。

8.2.1　农业保险进一步普及

5G 在农业保险领域的应用已经比较广泛，这得益于国家发展、技术进步与企业不懈努力。华为发布的《5G 时代十大应用场景白皮书》显示，与 2G 萌生数据、3G 催生数据、4G 发展数据不同，5G 是一项跨时代的技术，可以渗透至各个领域。

这里所说的"各个领域"就包括农业保险。例如，中国太平洋财产保险股份有限公司联合中国农业科学院发布的数字化农险经营管理体系——"e 农险

5.0"版本的主旨就是"拥抱 5G",引领农险步入新生态,大幅提高保险公司的工作效率。

在 5G 时代,从事农险业务的保险公司在进行查勘或定损时可以使用无人机,快速识别农业现场的受灾情况,及时为农民理赔。此外,在承保方面,5G 也可以进一步提高农险的真实性、便捷性,避免出现农险诈骗等不良事件。例如,借助 5G,保险公司可以在承保前对生物特征信息进行识别和检测,防止投保人虚增保险数量,降低理赔过程中的道德风险。

5G 给农业保险领域带来了更多可能,保险公司可以将 5G 与物联网、大数据、人工智能等技术融合,以便进一步提高自己的服务效率和服务质量。保险公司也可以在市场运行规则的基础上对农险业务进行整合与创新,最终还会形成"技术+农险+一揽子综合服务"的新型模式,尽快推动农业保险领域真正进入网络化、智能化时代。

8.2.2 以数据驱动农业精准种植

5G 能够把生产、管理、经营等各类农业数据快速串联到一起,然后借助传输通道将其有效地传输给农民。农民可以利用智能调控终端高效地进行农业生产工作。精准种植就是依托 5G 而产生的功能,下面以地块测量和农作物体检为例,对此进行详细说明。

1. 地块测量

传统的地块测量需要投入大量的人力、物力和财力,准确度和效率都存在较大的提升空间。而精准种植功能可以借助卫星遥感及无人机航拍,结合地理信息系统和全球定位系统等技术,快速、准确地识别农作物种类并统计种植面积,以协助农业生产管理人员对地块进行合理规划,将种植收益最大化。

目前常用的遥感影像查询平台有遥感集市云服务平台,在此平台上可以查询到高分一号、高分二号、资源三号等国产高分辨率遥感影像。无人机搭载遥感设备低空作业,可以作为卫星遥感的有力补充,在有更高精度要求的应用场景中发挥作用。

2．农作物体检

搭载了 5G 的智能系统可以通过对农作物生长环境的监测及对其生长过程的追踪，对其全生命周期进行体检，让其生长过程可视化、生长结果透明化。5G 在农作物体检上的作用主要体现在土壤肥力分析、农作物长势监测、收割期预测及产量估计等方面。

1）土壤肥力分析

土壤肥力是土壤提供农作物生长所需的空气、养分的能力，通常通过传感器进行采集和分析，但是这种方式存在一定的设备成本。业界也有公司根据卫星影像、气象数据以及地块纬度和高程等数据，结合农作物生长模型模拟出地块的养分信息。这种方式可以大大降低信息采集环节的投入。

2）农作物长势监测

卫星遥感影像波段的反射率与农作物的叶面积指数、太阳光合辐射等具有相关性。通过对遥感影像的分析，农民可以提取农作物生长状况参数，从而掌握农作物长势。

3）收割期预测

结合专业人员的技术经验以及农业数据分析，我们可以分门别类地建立农作物生长规律数字模型。通过对农作物生长状况的连续监测，结合农作物生长规律数字模型，我们就可以实现对农作物成熟期的精准预测，农民可以据此制订合理的收割计划。

4）产量估计

传统的产量估计包含三个阶段的活动：一是抽选调查网点，从上至下逐层抽样；二是调查地块实割实测，对样本农作物进行称量；三是推算产量，先推算调查地块单产，然后逐层往上推算产量。这种方式需要投入较大的人力、物力，而且效率和精度有限。

如今，农作物生长规律数字模型可以模拟农作物各阶段的生长参数及单产规模，再结合卫星遥感影像分析得到的地块面积等数据，使农民很快速地估算出农作物的产量，极大地提高了这项工作的效率和准确度。

基于 5G 的精准种植可以实时采集农作物及农作物生长信息，实现地块管理、农作物生长规律数字模型建立、农作物产量预测、农作物面积勘测以及病虫害预防等。农民可以科学、合理地利用农业资源、实现节水、节肥、提高农作物品质、降低生产成本、减少环境污染、增加经济效益的目的。同时，农业生态环境及土地资源也得到了很好的保护，推动传统农业向自动化、智能化农业发展，极大地提高了我国在农业领域的竞争力。

8.2.3　农产品可追溯

农产品的安全问题一直是消费者关注的焦点。近几年来，各种无公害蔬菜和水果、精饲肉类等纷纷出现，其销售情况也很不错。这都是消费者注重农产品安全问题的体现。但在很多情况下，消费者无法判断出一款写着纯天然无公害的蔬菜是否在培育过程中真的没有被喷过农药，标明精饲猪肉的猪的成长过程中是否确实没有被注射过催长剂。

这时，依托 5G 打造的完善的农产品追溯系统能够解决消费者的难题，让消费者可以追溯到农产品的生产过程及运输过程。追溯系统可以对农产品的生产、供应过程进行追溯，保证农产品相关信息的真实、透明。例如，在农产品生产环节，追溯系统会记录下该产品的生产过程，包括农作物的种植土壤情况、种植时间、农作物种类、化肥与农药等的耗费情况等，同时对其种植过程中的气候、灾害、田间管理等情况也会记录。

消费者在购买一件农产品后可以扫描农产品包装上的二维码来获取农产品的相关信息。当农产品出现问题时，消费者可有效追责。

建立追溯系统有三个基本要素，分别为产品标识、数据库、信息传递。5G 技术与大数据的结合能够推动农产品数据库的建立，拓宽其应用范围。而 5G 网络的大宽带、高速率、低时延等特性为农产品信息追溯系统的信息传递提供了技术支持。

现在为了迎合消费者对健康的追求，各种追溯系统层出不穷。而 5G 的应用能够让可视化追溯过程的传输速度加快，让农产品的生产、加工、运输、销售等各环节的数据被更完整地记录下来，实现对农产品的监督和管理，促进农产品种植过程的透明化和公开化。

同理，当农产品出现问题时，商家也能够通过农产品溯源系统对农产品的运输过程、加工过程和生产过程进行排查。在 5G 技术的加持下，商家对农产品产生问题的关键节点的寻找效率会更高，在寻找到问题关键节点后，商家也能够迅速对问题点做出处理。

农产品溯源系统不仅能够让消费者在购买农产品时全面了解农产品的相关信息，更能够在出现问题时帮助商家做出判断，降低商家和消费者的损失。

8.3　农业设备更灵敏、智能

农业设备在农业生产中起着十分重要的作用，可以让农业生产更科学、高效。现在 5G 使农业设备比之前更灵敏、智能。例如，气象站可以很精准地调节气象参数，远程监视设备可以及时管理农作物的健康状况，电子耳标可以全方位监测跟踪牲畜。

8.3.1　气象站：调节气象参数

自殷商时期，我国便有"壬申雪，止雨酉昼；己卯雹，乙酉大雨。"这样类似天气预报的记载。后来，人们发现自己可以根据周围环境的变化预测天气，如云的形状、动物的行为等。农业谚语中就有"鱼鳞天，不雨也风颠"的说法，这是对于卷积云的预测。

农业自古以来就是一个"靠天吃饭"的行业，农作物的收成与天气有着密不可分的关系。农业从事者为提高收成，对预测天气做过各种尝试。发展到如今，虽然预测准确率得到大幅度提升，但农业生产依旧会被不确定的天气因素影响。

虽然现有的通信技术已经基本保障了数据传输的稳定性，但国家级气象站需要的是实体地面专线。而且，对于部分碍于客观条件无法建设地面网络的气象站来说，现有通信技术依然无法满足其气象工作的需要。

5G 的出现给上述难题带来了解决之法。5G 能够提升气象站的通信网络建设能力，使碍于客观条件无法建设地面网络的气象站也能具备无线网络连接能力，使数据收集更全面，从而更有利于气象业务的发展，充分满足预报天气的需求。

5G 能够为整个气象行业带来巨大变革。例如，基层的气象服务人员在做现场服务时，能随时通过 5G 与当地的气象部门业务平台进行连接，从平台处调取实时数据和预报信息，令气象服务深入田间地头，为农业生产带去更准确、及时的帮助。

5G 的普及会使更多设备参与到气象观测活动中。例如，气象传感器、可穿戴设备甚至生活中任何一款智能产品，都可以为天气预测提供数据，从而使天气信息的收集来源变得更多元化，提升天气预测的准确率。

8.3.2 远程监视设备：管理农作物的健康状况

远程监视设备的工作原理是通过传感器监测室内环境，然后利用采集器对相关数据进行收集，最后把数据通过 5G 上传至后台。农民可以通过后台直接看到与农作物相关的数据。另外，此设备还配备了监控探头，让农民可以直接掌控大棚内农作物的生产过程。

现在远程监视设备主要有以下三类。

1. 监控设备

监控设备是指利用 5G 获取与农作物生长有关的环境数据，如空气温度、土壤水分、光照强度、植物养分等。该设备能自动地进行信息收集，也可以接收传感器发来的数据并将其进行存储和管理。此外，该设备还能够获取、管理、显示和分析基地内所有信息，再将其以直观的图表和曲线展示给农民。农民可以根据这些信息进行灌溉、降温、施肥等工作。

2．监测设备

监测设备的主要作用是对园区内的信息进行自动监测与控制。每个节点都可以监测水分、温度、湿度、光照、养分含量等数据，并根据农作物生长情况进行声光报警或短信报警。

3．实时图像与视频监控设备

在实际的农业生产中，仅数值化的物物相连并不能让农民做出最佳决策，实时图像与视频才是更直观的表达方式。例如，某一株农作物缺水了，在数据上仅能看到其水分数值偏低，但具体的灌溉水量还需要以其实际情况为准。农民不可以按照农作物的水分数值直接灌溉，因为每个地区的环境都不一样，这是技术难以改变的。实时图像与视频监控设备可以直观地反映出农作物的具体情况和生长态势，从而使农民根据数据进行科学决策。

8.3.3　养殖控制系统：监测跟踪牲畜

一个典型的养殖控制系统是集传感器、数据收集设备、照明检测、生长周期管理等于一体的系统，可以实现养殖场管理、圈舍环境控制等方面的自动化、智能化，如图 8-2 所示。

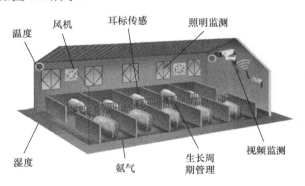

图 8-2　养殖控制系统

从图 8-2 可知，养殖控制系统装有耳标传感、风机等设备，可以对养殖环境进行实时监测，并自动化控制养殖环境的温度、湿度、照明情况等，以便合理地进行牲畜的生长周期管理和氨气管理等。在该系统中，5G 的智能化优势主要表现在以下几个方面。

（1）信息采集。通过 5G、物联网、大数据等技术采集与养殖环境相关的信息及畜禽个体信息，再由后台对这些信息进行综合分析。

（2）远程控制。通过 5G 远程控制水帘、风机等设备的开关，对牲畜进行自动投喂。

（3）视频监控系统。对养殖环境及生产加工过程进行全方位高清监控，对异常状况进行及时预警，保障园区及牲畜的安全。

通过上述信息化升级与改造，整个养殖链条将更高效、规范，同时也能打造健康、安全、完善的食品供应链，让消费者吃到真正美味、放心的食品。

8.3.4 "5G 田"：5G 融入智慧农业的重大尝试

近年来智慧农业的概念逐渐进入人们的视野，而想要真正实现农业无人化、信息化、智能化，就需要"两条腿"，一个是人工智能，另一个是 5G。智能选种、天气预测、农作物识别等都是人工智能在农业领域的应用，而随着 5G 的进一步普及，智慧农业将进一步发展。

关于 5G 商业化的讨论开启以来，农业领域便一直在寻求与 5G 的合作。广州、浙江等省份更是始终在尝试将 5G 融入农业生产。随着 5G 技术的逐渐普及，这些尝试也终于"开花结果"。例如，广东省已经建设了多个 5G 农业试验区，几乎覆盖了全产业链。

与此同时，2019 年，浙江瑞安市也建设出了省内首个"5G 田"。120 亩的田地连接 5G 后，实现了统一、集约化管理，生产效率相较于传统生产方式提高了一倍。从设备角度看，"5G 田"与现阶段的"智慧农业"相差无几，都是利用机器人巡田、无人机植保、数字化信息管理等方式，最大限度地利用机械代替人工进行农业生产。

　　但在运行上，5G 能让智能设备的运行更高速。对于智慧农业中的智能设备来说，5G 的作用显然是不可替代的。4G 虽然能保证智能设备的正常运行与数据的有效传输，以及维持基础的网络建设，但要想达到生产管理实时化、精准化，其承载力还是远远不够的。

　　5G 的出现刚好填补了这方面的空白。5G 的传输速度是 4G 的上百倍，这样快的速度可以使机器人、无人机的精度和稳定度进一步提升，同时也可以提高数据传输和分析的效率，从而对农业生产进行实时、精确控制，让现阶段的智慧农业得到飞跃式升级。

　　数据反馈只要实时同步，就能让生产、管理与销售等环节串联起来。这可以使农业信息传递得更及时、精准与畅通，同时也将推动市场进一步扩大。另外，5G 的广泛应用让智能设备更新换代加快，其价格也会逐渐降低，让越来越多的农民能够引进智能设备进行生产。

　　传统的农业技术人员就可以转型到更有价值的岗位上，极大节省了人力成本。而且，5G 让智能设备不再只有一种功能，许多智能设备将实现一机多用，极大提高了其应用度，农民付出与现在同样的钱却能收获到双倍甚至更多收益，这实际上也是一种节约成本的体现。

　　5G 的应用不仅改变了种植技术和农业管理模式，还更新了农产品销售模式。传统农产品销售模式是从种植、分销再到零售，经常出现消费者觉得菜价贵，而农民不赚钱的情况。5G 可以让农产品直接在农民和消费者之间流通，省去了中间环节，让二者成为主要受益人。

第三篇

产业实战

第 9 章

农业种植：智能定位，精准反馈

美国发明家戴伟·道浩特曾经研发了一个智能种植机器人——Prospero。当 Prospero 深入农业生产现场时，会先根据种子、农时、土壤类型的不同，找到可以获得最大收益的种植方法，然后再进行精准种植，真正做到了"寸土必究"。现在像 Prospero 这样的机器人越来越多，极大地推动了种植过程中智能定位、精准反馈愿景的实现。

9.1 农业种植的三大顽疾

随着技术的发展，"手动劳作"已经成为过去式，现在联网设备广泛地应用于灌溉、施肥、种植等各环节。但不得不承认的是，在农业领域，灌溉浪费与缺水同时存在，过量使用化肥、农药等产品，种植环节分散、信息闭塞依然是亟待解决的三大顽疾。

9.1.1 灌溉浪费与缺水同时存在

根据水利部的反馈，目前我国总用水量正逐步逼近控制范围的临界值，而可开发利用空间又较为有限，导致我国已经接近水资源危机的边缘。

从用水结构来看，每年农业用水占用水总量的 6 成，而我国年缺水量近 400 亿立方米，其中农业就占了 300 亿立方米，每年因农产品缺水造成的损失超过近 1500 亿元。农业用水浪费而农产品却"喝不饱"，已经成为制约农业可持续发展的重大问题。

目前我国农业用水危机主要体现在以下 3 个方面。

1. 我国濒临水危机边缘

我国本就是一个干旱缺水国家，水资源人均分布不均、用水效率低下、水污染频发等问题，更是加剧着我国的水资源危机。

我国水资源总量虽然居全球第 6 位，但仍未改变我国是贫水国家这个事实。我国的人均水资源占有量只有 2300～2500 立方米，仅为世界平均的 1/4，北京、天津、甘肃、辽宁、山东、宁夏等 11 个省市甚至为严重缺水状态。

如今，用水需求与有限供给矛盾的扩大，以及水质恶化程度的加剧，极有可能在国内引发一场缺水危机，从而导致社会不安定。

2. 农业水资源浪费与短缺并存

农业灌溉既是"第一用水大户"，也是"第一浪费大户"。自 2000 年开始，我国农业用水量一直保持在 3500 亿立方米/年，超过总用水量的 64%。

农业用水方式粗放、浪费严重是我国农业灌溉最大的弊端。"土渠输水""大水漫灌"的灌溉方式目前仍在普遍沿用，这种方式使大部分水在输水过程中就损失了。目前我国农田灌溉水有效利用率仅为 52.3%，意味着约 50%的水没有被实际利用到。

与发达国家 70%～80%的利用率相比，我国的农业用水浪费非常严重。而从不同地区来看，西南地区、中部地区、西北地区的农业用水效率更是低于我国的平均水平。

较低的水资源利用率，不仅浪费水资源，还提高不了产量。灌溉方法不科学，使大部分灌溉用水没有真正作用于农作物，进而使农民陷入"多浇水，却产量下降"的怪圈。

3．节水灌溉将是水资源保护和农业增收的双赢

目前农业种植存在节水意识薄弱、技术标准不完善、管理水平低等诸多问题，制定高效节水灌溉的方案迫在眉睫。我国农田有效灌溉面积为 10.37 亿亩，占耕地面积的 54%，而节水灌溉面积仅为农田有效灌溉面积的一半。以全国农业年用水量 3400～3700 亿立方米来计算，如果能提高 10%的灌溉效率，则可以节水 300 多亿立方米。

节水措施包括工程措施、管理措施和农艺措施。工程措施指喷灌、滴灌、渠道防渗、管道输水等。管理措施是指从管理方面加强节水，如控制用水总量、用水定额管理、超出定额累进加价等。农艺措施是指调整农作物种植结构，如在北方减少种植耗水量大的水稻，或者加强耕作覆盖、施用化学保水剂等。

推广节水灌溉不仅可以节约水资源，还可以提高亩产量，创造巨大的经济价值。例如，玉米用常规灌溉方式每亩生产成本为 300 元，虽然利用膜下滴灌技术每亩成本增加了 200 元，但亩产量提升了 100%。另外，玉米的品质提升使收购价格提高了 17.6%。总体来看，节水灌溉技术给农民带来了更为丰厚的经济利益。

9.1.2 过量使用化肥、农药

现代农业生产中，农业种植已离不开化肥的使用，一些农民经常为了提高农作物产量，过量使用化肥、农药。从农作物生长规律来看，化肥、农药的确可以调节农作物生长并且防治病虫害，从而实现增产增收的作用。但如果化肥、农药使用不当或使用过量，就容易造成环境污染，而且还会对人体健康造成威胁。

近几年，由于前期农民滥用化肥、农药，很多耕地都出现了化肥、农药"后遗症"。例如，土质恶化、土壤的肥力下降等，这些问题影响着农作物的

产量和质量。

另外，农产品的质量下降，就会造成其口感下降、不易存放。这时农民再增加化肥的用量，反而会增加成本，进而陷入"死循环"。

长期食用农药过量的食品也会对人体健康造成巨大威胁，甚至会导致人们中毒或死亡。农药虽不会直接危及生命，但最可怕的是其在体内不断积累，逐渐破坏人们的免疫力，从而诱发癌症、生殖、神经等慢性疾病。而因其不会立即出现明显的症状，所以常常得不到人们的重视。

自实行土地承包到户后，农民的生产积极性空前高涨，粮食种植面积也在逐渐扩大，农药的施用量更是逐年攀升。

目前主要使用的农药分为以下三类。

（1）有机磷类农药。有机磷类农药是指含有磷元素的农药，主要用于防治病虫害。而它同时也是一种神经毒物，过量使用会引起神经功能紊乱、语言失常等症状。

（2）拟除虫菊脂类农药。拟除虫菊脂类农药是模拟天然除虫菊素合成的一类杀虫剂。这种毒药经常会由皮肤吸收或由呼吸道吸入，其毒性较大，且有蓄积毒性的特点，过量吸入会导致因呼吸、循环衰竭而死亡。

（3）有机氯农药。有机氯农药是含有有机氯元素的有机化合物，常用于防治植物病虫害。有机氯农药在进入人体后，主要蓄积于脂肪中，通过母乳传给胎儿引发下一代病变。

随着现在消费者越来越注重生活品质，农民也越来越愿意采用绿色、有机、自然的方法从事农业生产，但过量使用化肥、农药仍是农业种植的一大弊端。那么化肥使用过量该如何应对，可以从以下四个方面入手。

1．加大宣传力度

加大宣传力度，进一步提高农民科学施肥的意识，可以通过网络、媒体、科技下乡等措施，让农民了解过度施肥的危害，从而选择科学种植。

2．推广测土配方施肥

传统的施肥方式大多依靠农民的经验，而科学施肥则需要对不同区域的土壤进行分析，根据种植农作物的不同，配比氮、磷、钾和微量元素的用量，实现平衡施肥，从而促进农作物的高产。

3．增加有机肥的比重

有机肥主要来源于动植物，是一种能够为植物提供营养的含碳物料。有机肥的加工过程消除了其中的有害物质，保留了多种有机酸、肽类、氮、磷、钾等丰富的营养元素。可以为农作物提供全面营养，而且肥效长，更可以改善土质。

4．注重微量元素的施用

很多农民在施用了氮磷钾复合肥后，就不再追肥了。实际上这是一种错误的做法，忽视了对微量元素的利用。适当增加微量元素的施用，可以让肥料中的养分平衡供应，从而达到提高农作物产量的目的。

9.1.3　种植环节分散，信息闭塞

传统农业生产主要依靠人力负责种植环节中的各项工作，如播种、灌溉、施肥等。例如，仅灌溉一项工作中的看水位、开水泵、关水泵等工作都需要有专人负责，其流程的烦琐程度不言而喻。信息反馈不及时，无法及时衔接下一阶段的工作，很容易降低种植质量，从而导致农作物减产。

种地这件事在传统农民眼中主要就是依靠经验，种的年头长了，自然知道什么时候要播种，什么情况要浇水，什么情况应该施什么肥、用量多少。这些经验都是农民在日积月累的实践中摸索出来的。经验固然重要，但仍要加强种植过程中的信息流通，可使农民在最大程度上降低试错成本，确保农作物稳产、增产。

以技术为基础，农民可以实现农业生产信息化。例如，融入了 5G 的智能系统可以通过检测外部环境及农作物生长状况，及时将相关信息反馈给农民，

从而串联播种、灌溉、施肥等各个种植环节，打开信息通路。

以江苏南通的东社镇苴居村为例，范伟权是村里水稻种植的大户，随着种植规模的不断扩大，传统种植方式的弊端逐渐显露出来。这其中因水稻属于耗水量大的农作物，灌溉问题就成了第一棘手的问题。为了种出品质好的水稻，稻田里的水位高度很重要。

范伟权为了保证水位高度，安排专人操作水泵、查看水位。但这种传统方式显然是比较耗时、耗力的，农忙的时候，一个人就要同时负责好几项工作，来回的路程更是有好几公里，难以照顾到所有田地。

对此，南通地区开发了"智慧水利"系统，解决了南通地区 70 多个水稻种植区的灌溉问题。系统以人工智能、物联网等技术为基础，实现了农民对灌溉的远程操作。工作人员在后台即可实时查看农田里的水位、出水状态、水泵情况等，并根据具体情况进行远程操作，信息的传递速度明显超越了人工跑腿速度，灌溉的质量和及时性比以前更有保障了。

这种系统极大地解放了人力，实现了信息化种植。传统种植中需要人工传递信息并确定下一步的工作，这些都可以由智能系统自动识别、控制，从而摆脱了对人工操作的依赖。由于种植环节分散、信息闭塞导致的问题处理不及时而使农作物减产的情况，也很难会再发生。

9.2　农业种植的新突破

农业智能化的表现之一就是种植智能化，种植智能化可以帮助农民降低成本、提高种植效率。目前，播种、灌溉、施肥等环节已经可以实现一键化自动处理。这不仅是种植业的新突破，更是为乡村振兴战略带来了新发展、新动力。

9.2.1　农业无人机提升播种效率

无人机可以提升播种效率，是农业种植的新突破。例如，在湖北省天门市净潭乡荷花村田间，农业技术人员正认真试验无人机播种油菜籽，如图 9-1 所示。

图 9-1　无人机播种油菜籽

　　无人机播种是指利用无人机喷射口将种子喷洒到田间，这个过程只需要一个飞手操作即可，七亩地用十分钟即可播种完成。一些农民会担心播种效果问题，无人机播种是否能够播种均匀？种子是否能深入到土层中？会不会影响后期长势？然而事实上，根据技术人员在另一个乡镇佛子山进行的水稻飞播试验，农作物的发芽率和长势情况与手动播种并无任何差别。

　　七亩地的播种只需要一个人十分钟就能完成，这无疑是农业技术的一个突破，极大地解放了生产力。而且这种播种方式作业范围大，不受地形影响，更有利于规模化种植。

　　机器种植替换人工种植是一种必然趋势，更多的农民可以从辛苦的田地劳动中解脱出来，取而代之的是农业生产的机械化、智能化、规模化。

　　作为低空领域的"王者"，无人机的应用优势与农业生产尤为契合。除了提高播种效率外，无人机还能从许多方面助力农业生产，其中主要表现在三个方面，即监测、评估和培育。

1. 监测

　　监测包括监测农作物状况、生长环境和实时动态等。监测能帮助农民对恶劣天气做出及时应对，以及对突发状况做出快速反应，是农业管理的重要环节。

以前，农业监测主要依靠人力完成，即农民全天候与农作物待在一起，以便及时掌握农作物情况做出有效调整，从而保障农作物正常生长。这样的做法不仅辛苦而且效率极低，获取的信息更是比较粗略，使得农民无法做出具有针对性的调整。

无人机的应用则改善了上述情况。利用摄像头、传感器进行航拍，然后利用大数据进行快速分析，农民就可以对农作物的实时状况一目了然，进而更高效地做出具有针对性的决策。

利用无人机进行监测，实际上是把农民的眼睛放大了，看得更多、看得更细、看得更远。农民不必再整天担心农作物的生长，反而能够更及时、高效地得到农作物信息的反馈，从而使农作物更稳定、健康地成长。

2．评估

拥有"良田万顷"是每一个农民的梦想，但进行农作物评估时这显然又成了一个"甜蜜的负担"。农作物数量庞大，要对每一株都进行统计，复杂程度可想而知。但为了了解农作物的具体产量和在销售时不屈居人下，农作物评估就成了必须做的事。

无人机利用红外感应装置，能够生成农作物的热成像图片，然后再利用大数据计算，就能轻松完成对农作物的评估。相比单纯依靠人工统计计算，无疑更高效和准确。

例如，在我国台北等地区的瓜农就依靠无人机来评估产量，瓜农通过操纵无人机，拍下整片瓜田的照片，再利用大数据计算出西瓜数量，这样就轻松解决了长久以来困扰瓜农的"数瓜"难题。

这种评估手段，不仅可以用于丰收时计算产量，还可以用于农作物受灾后的灾害评估。这种数据化的评估方式既解放了农民，也使得农业种植向更现代化的方向前进。

3. 培育

培育是农业种植最重要的环节，从播种、灌溉到丰收每一个环节都马虎不得，这是一个漫长且辛苦的过程。现在的农业种植，虽不再单纯依靠人力，有了许多自动化机械从旁辅助，但智能化程度依旧远远不够，人的作用依然不可小觑。

无人机的出现在农作物培育方面发挥了举足轻重的作用，在播种环节，无人机能自动进行播种；在授粉环节，无人机能进行广泛授粉；在喷洒农药环节，无人机能快速进行全覆盖喷洒；在农田灌溉环节，无人机能可控地进行喷洒灌溉。

综上，无人机的作用贯穿于播种、授粉、施药、灌溉等所有农作物培养环节，并且更高效、便捷。与纯人工培育相比，无人机作业用量更精准，不仅提高了劳动生产率，更是对土地资源的保护利用，对农业可持续发展来说有着非凡的意义。

9.2.2　灌溉用水量智能决策

我国是农业大国，任何农作物的种植都离不开灌溉。灌溉技术一直在发展，从人力灌溉、水泵灌溉，发展到滴灌、喷灌。滴灌、喷灌是现今应用最广的灌溉方式，许多种植基地甚至城市绿化都采用这种灌溉方式。但随着互联网等技术的进一步发展，智能灌溉逐渐走进人们的视野。

智能灌溉最突出的特点就是智能，即设备根据目前的土壤湿度决定灌溉的水量。土壤湿度传感器可以实时监测土壤中的水分，当水分低于标准值时，系统就能自动进行灌溉，直到土壤水分达到标准值，系统就会自动关闭系统。由此，通过这样的自动化控制，能随时把土壤中的含水量调节到最佳状态，让灌溉更科学合理。

农民实行智能灌溉，进行科学种植，有以下 10 个方面的注意事项。

（1）智能灌溉最核心的设施是智能微控制器，这些微控制器控制着水泵，田间的土壤湿度传感器将实时数据发送到微控制器。农民只需要设置温度和湿度的具体范围数值，一旦超出此范围，微控制器就能自动打开水泵进行灌溉。另外，农民还可以通过移动应用程序对整个系统进行操作，从而实现远程监控和管理。

（2）智能灌溉系统与互联网相连，可以将第三方信息与灌溉结合起来，实现"智能灌溉决策"。例如，如果天气预报中有雨，则不会自动灌溉，即使实时数据表明该地的土壤含水量在标准范围以下。这样就使灌溉系统更智能化了，它不仅可以控制灌溉水量和时间，甚至可以根据天气等外部环境状况做出"是否应该灌溉"的决策。据统计，这样的灌溉系统可以在旱季节水 45%，在雨季节水 80%。

（3）智能灌溉系统相较于传统灌溉系统，更能降低灌溉不当造成的农作物枯萎的概率，有利于进一步降低农民的种植风险。此外，由于智能灌溉系统能始终使农作物保持最佳状态，所以农作物能更快、更健康地生长，从而缩短生长周期，增加年产量。

（4）智能灌溉系统的传感器非常重要，关系着农作物信息反馈是否准确、及时。首先是土壤湿度传感器，主要用来监测土壤相对含水量。它通过土壤表面的介电常数，以评估其单位体积的水含量。其次是温度传感器，主要用来监测土壤的温度变化。它通过电阻温度检测器来准确跟踪土壤温度水平。

（5）虽然土壤湿度传感器已经十分智能了，但依旧存在一定的缺点。例如，没有考虑天气因素，以及蒸发、蒸腾过程中损失的水分。因此，农民还可以为系统增加气象传感器，接收实时的天气信息，并以此来定制灌溉策略。气象传感器不仅可以处理天气信息，还能处理卫星接收的数据，从而实现真正的"靠天吃饭"。

（6）传感器的布局是否合理，决定着智能灌溉系统所做的决策是否正确。因此，在种植过程中，农民必须保证传感器始终与土壤表面保持接触，避免产生缝隙。另外，为了获得最佳反馈效果，农民应将温度传感器放置在接收最大阳光以及植物根茎的区域内。土壤湿度传感器必须在土壤下方，而且压力还不能太高。

（7）智能灌溉不仅改进了灌溉的频率和时间，还改进了喷水系统。旧有喷水系统只能在一个轨道中朝一个方向喷水，而新型喷水系统则可以在多个轨道中喷射旋转水流，这种喷水系统可以节水 20%。此外，旋转头洒水的方式还可以使大部分土壤浸泡到水，从而最大限度地减少了灌溉用水的浪费。

（8）传统灌溉系统的泄漏和裂缝等故障，很难进行排查，稍有遗漏就会导致水大量损失。而智能灌溉系统可以实时监测到任何灌溉环节中存在的问题，包括水泵、水箱以及其他设备，使农民可以轻松进行定点维修。

（9）相比于传统灌溉设备，智能灌溉设备的价格要高一些，农民在选择时既要考虑效果也要考虑成本。平旋转喷头是斜坡灌溉的理想选择，成本也相对合理。SoCal WaterSmart 是技术较为领先的灌溉控制器制造商，CropX 也是专注于研发物联网灌溉设备的公司，这些品牌都可以作为农民的选择。

（10）虽然 5G、物联网等技术有了一定的发展，但智能灌溉仍然是一个相对新颖的概念。大多数农民并不适应智能灌溉系统诸多复杂的特征和功能。此外，智能灌溉系统的容错率很低，一旦发生机械或网络故障就会造成较大的损失，因此对农民的操作技术要求比较高。

9.2.3 高效、精准施肥

化肥的使用能促进植物生长，增加农作物产量，但化肥并不是越多越好。如果施肥过多，植物也会产生营养过剩的问题，不仅会影响农作物质量，多余的化肥还会残留在土壤中，对土质造成破坏。据统计，我国化肥的用量是世界平均水平的 3 倍，而利用率仅为 30%，远低于发达国家的 50%。因此，高效、精准施肥，提高化肥利用率，已是刻不容缓的一件大事。

科学施肥，并不是指少施肥或使用有机肥，而是要讲究肥料的营养均衡。例如，如果氮肥施多了，水果能长得很大，但口感不好。所以，肥料配比一定要看农作物是否需要，以及营养是否均衡。农民应该如何高效、精准地施肥呢？可以参考以下五种方法。

1．平衡施肥

对农作物偏施一种肥或多施单质肥，不仅会浪费肥料，还极易造成农作物的营养缺乏。例如，小麦、玉米、水稻等农作物，农民常偏施氮肥，造成农作物疯长，要抑制这种现象，就要注重增施磷肥；而果树、蔬菜等农作物，农民则常偏施钾肥，会导致农作物缺乏镁、钙等微量元素。

因此，农民在施肥时，要根据农作物的需求以及土壤的供肥能力平衡施肥，保持营养元素的均衡。

2．推广专用复合肥

相对单质肥，专用复合肥显然更便捷，农民不需要考虑营养元素配比的问题，直接施用即可。因此，农民在施肥时，应以专用复合肥为主，并辅以单质肥料。

3．合理选择肥料形态

近些年，国内肥料厂家对肥料形态做了很多研究，其中对螯合态肥料进行了成功研发并大量投入。所谓螯合物是指具有环状结构的配合物，是由两个或多个配位体与金属阳离子形成螯合环得到的产物。在农业领域，螯合物主要应用于螯合态的微量元素。

真正的螯合态微量元素只存在于少数优质肥中，特别是水溶肥、叶面肥、滴灌冲施肥等。物以稀为贵，由于螯合态肥料成本较高，市场中数量相对较少，农民需要结合实际情况进行选用。

正规厂家生产的这类肥料对农作物的效果非常明显，产品质量也相对较高，甚至可以同进口产品相媲美。在种植过程中，铁、锌、锰和铜等元素的补充一般都使用螯合态肥料，这样与其他元素一起施用，可以避免发生拮抗作用。

4．根据土壤特性施肥

不同的土壤特质，所用的肥料配比也不一样。例如，缺钾的砂性土，应将氮肥与钾肥配合施用，同时钾肥又不能一次施用过多，因为钾离子会对钙、镁、铵等元素的吸收产生拮抗作用，导致农作缺钙或镁。

另外，在酸性土壤中氮肥不宜施用过多，否则当铵离子浓度较高时，钙离子的吸收就会受影响。有些地区种植的苹果易发苦痘病，就是由于氮肥施用过量导致的。

5. 改良土壤

农民还可以通过改良土壤的理化性状，来构建农作物生长的适宜环境，如在酸性土中添加石灰来改良土壤。但是，如果石灰施用过量，也有可能诱发农作物缺硼、镁、磷等微量元素。这个问题在果树、蔬菜、棉花等农作物的种植中时有发生。

对此，农民可以通过施用生物炭进行土壤改良。生物炭具有改善土壤结构、吸附有毒金属离子等作用，不仅能提高农作物的产量，还可以提高养分利用率。

除了上述精准施肥的方法，现如今结合 5G 技术更是可以做到"全自动"施肥。在乌镇和中国移动共同打造的 5G 智慧农场，利用 5G 技术，园区内的温度、光照、水肥等均由 5G 自动管理，如遮阳、降温、施肥、灌溉等工作，均由系统采集数据，然后自动做出反应，全程都不需要人工参与。

另外，智慧农场的 5G 施肥机采用精量混肥桶，在灌溉的同时就能施肥，将水肥作用于农作物根部，极大地减少了中间过程的损耗，节水节肥的同时，营养获取也更均衡。

9.2.4 种植过程进一步公开化

现在的消费者越来越重视消费的品质，越来越希望自己可以参与到产品的生产过程中。传统的农业生产模式，农作物从种植、运输再销售到消费者手中，需要经过好多个环节。消费者也不能确定自己买到的粮食、蔬菜、水果等是不是真如宣传中所说的是绿色、无公害种植的产品，只能凭价格的高低来判断，一般都会认为价格高的品质就好。

5G 技术可以很好地解决这个问题，农民可以通过网络实时发送图像数据，让消费者了解农产品的生长状况及种植过程。这样不仅可以让消费者了解农作物真实的情况，买得更放心，也可以起到为农产品宣传的作用，打开销路，一举两得。

以浙江省温州市文成县里阳红枫林种植合作社为例，合作社产出的杨梅品质极佳而且远销海外，打造了文成杨梅的品牌效应。文成杨梅之所以能成为"抢手货"，很大程度上是因为合作社推行的智慧监控系统。

合作社致力于打造阳光农场，在杨梅种植区装上了摄像头，从播种到采摘的每一道工序都实时监控。采购商打开合作社的网站，就可以看到杨梅种植的每一个环节。

另外，对于普通零售顾客，合作社申请了溯源二维码，贴在每一盒杨梅的包装上，消费者扫描二维码就可以查到杨梅的基本信息，包括合作社信息、杨梅种植过程的信息、包装过程信息等。合作社进一步公开种植过程，每一个环节都有据可查，消费者买得放心，产品自然供不应求。

文成杨梅在国外售价约 10 美元一斤，折合人民币约 70 元/斤，除去出口成本等，增加智慧监控系统不仅提升了销量，还使每斤单价提升了 15 元。因为品质极佳、生产过程公开透明，文成杨梅在加拿大、美国等国家深受消费者喜爱。

第 *10* 章

农业管理：技术型精耕细作，摆脱靠天吃饭

技术创新改变了农业，也改变了农业管理方式，让农产品从农场到餐桌的过程更安全、高效，且具有可持续性。在农业管理中，气象动态、农作物生产情况、自然灾害控制和规避、劳动力管理都非常重要。现在农业管理涉及的技术和应用已非常成熟，农民也摆脱了"靠天吃饭"的困境。

10.1 实时掌握气象动态

农业的未来，在于技术进步。现在技术进步对农业的贡献率逐年提高，推动了农业供给侧结构性改革，开创了农业现代化建设新局面。农业越来越有"技术范"，"技术+农业"发展态势良好，农民已经可以精准地掌握气象动态，更好地进行耕作。

10.1.1 5G 提升天气预测准确率

5G 给整个气象行业带来了巨大变革。例如，法国的"给我指错"App 可

以让人们对气象局的天气预报进行反馈和指错；美国研发了智能雨刷器以识别降雨强度。5G 因其广泛连接的特性，可以实现更多设备的互联，使天气预测更广泛、准确。

5G 还能实现对大棚内温度、光照、土壤等因素的实时监控，最大限度地避免天气变化对农作物生长造成影响。另外，5G 在农业领域的应用也降低了人力成本，使农业生产实现智能化、自动化和远程控制化，提高了农作物的抗灾、抗风险能力，提升了生产效率。

10.1.2　集成大量传感器，实时报告气象

当前，传统的农业生产模式在产量、成本等方面，已经无法满足现代文明发展的需求，智慧农业逐渐出现在人们的视野中。农业机械的应用、IT 技术控制的温室等，都是高新技术在提高农业生产效率方面的有益尝试。

其中，智慧农业最重要的成果就是传感器技术。利用传感器，可以实现对大棚内温度、光照、土壤等因素的实时监控，从而最大限度地避免天气突然变化对农作物生长造成的影响。另外，传感器的出现有效降低了人力的消耗，使农业生产实现智能化、自动化和远程控制，利用科学分析提高农作物的抗灾抗风险能力，从而提升农业生产率。

传感器技术的出现，一定程度上解决了农业自古以来"靠天吃饭"的问题。它可以 24 小时检测农作物周边的环境变化，实时报告天气数据，使农民可以结合中心电脑的大数据分析，做出预判，调整农业管理策略。

以吉林市万昌镇的万昌现代农业发展先导区为例，当地一直以著名的"万昌大米"为标志，万昌现代农业发展先导区也是吉林省智慧农业的先行者。

园区内，田地边上能看到许多小型气象站监测着稻田范围内的小气候，每隔一段时间，监控视频就会回传到大数据中心。温度、湿度等气象数据一发生变化，大数据中心就能快速分析自动做出应对。哪株农作物缺水或养分不够了，系统根据其现状就会自动浇水施肥。

距基地十几公里的卓远植物工厂内，无土栽种的小番茄、水果等也有不错的长势。在这里，植物生长需要的环境因素，如温度、湿度、光照等都由电脑程序智能调节，效益是普通温室效益的 5 倍。

用传感器收集天气信息，调节大棚内气候环境，使当地一年四季都能生产各类无公害蔬菜。哪怕身处北方，万昌先导区也能生产热带水果，其红果木瓜产业园内，木瓜、香蕉等农作物都长势喜人，一棵木瓜树一年能带来 2000 元的净收入。

传感器在现代农业生产中已越来越受到农民们的青睐。但我国部分农业传感器的相关产品质量良莠不齐、制作工艺粗糙，导致产品性能不稳定，寿命较短，影响了整个农业的生产效率。

因此，选择合适的传感器对农业生产非常重要，农民选择的应该是能够助力生产的高科技产品，而不是电子垃圾。如何选择传感器，主要从材料、稳定性两个方面出发。

1．材料

因大棚里的温度和湿度都非常高，所以农业传感器的材质要做到防水、抗腐蚀、耐高温、防真菌。目前使用的陶瓷电路板和陶瓷基板就是比较稳定的材料，不仅抗腐蚀而且热膨胀系数高，被广泛应用在农业生产领域。

2．稳定性

传感器的稳定性关乎着数据传输的及时性，即在突发状况发生时系统是否能及时处理。为了节约人工成本，选择农业传感器要尽量选择校正周期较长的，因为传感器大多都放置在田间，人工校正操作时非常不方便，而且成本也非常高。如果传感器需要经常校正，就会耗费大量的人力，传感器的便捷性也就消失了。

传感器最重要的作用就是环境监测功能，因为气候环境对于植物的生长有着关键的作用。因此，传感器也是农业气象监测系统的重要组成部分，实时报告天气信息，掌握一手的天气状况，才能保证农作物的产量。

农业气象监测系统是由传感器、采集器、支架、气象后台 4 部分组成，是现代农业用来收集天气信息、掌握环境变化的工具，如图 10-1 所示。

图 10-1　农业气象监测系统

1．传感器

传感器是农业气象监测系统最核心的部分，它负责监测所有数据资料，包括风速、雨量、温度、湿度等。不同的功能需要配备不同传感器，彼此独立，互不影响。

2．采集器

采集器主要负责把传感器监测到的数据进行收集，然后将数据传送至后台，以便农民能直接看到传感器监测的数据。采集器和传感器不一样，采集器需要放在密封性好的地方，避免外界环境的干扰。

3. 支架

支架即农业气象监测系统的"骨骼"，高低、大小一般由农作物的实际情况决定。支架的材质通常都具有结实耐用、耐腐蚀等特点，可以支持其在恶劣环境中长期工作。

4. 气象后台

气象后台即处理数据的中心电脑，传感器监测的信息，采集器收集的信息，最后经无线传输汇总至后台进行数据分析。

10.2　农作物生长情况实时监控

农业生产现场安装的智能监控系统可以全天候、不间断地观察和采集农作物生长信息，同时还可以将与之相关的数据进行有序存储。如果农民在农业生产现场安装了多个这样的系统，那就可以随时对农作物的生长情况进行查看，实现对农作物生长情况的远程观察。不仅如此，农民还可以对农业生产现场和农作物进行录像并随时回放。

10.2.1　第一时间获取温湿度等数据

在传统农业生产中，温度、湿度等数据很难被采集到，大多数农民都是凭借自身的经验来估算这些数据，进而进行决策。这种方法虽然能解决一部分问题，但由于得出的数据不够精确、对环境变化的反应不够及时，很容易使农民做出错误的决策，导致农作物遭受损失。

而基于 5G、人工智能、物联网等技术的监控系统能够对大棚内的温度、湿度等进行监测，帮助农民实时了解大棚内的环境，从而更好地管理农作物生长过程。此系统会以数据的形式直观地将大棚内的环境展示出来，农民可以通过数据变化采取措施，保证环境适宜农作物生长。

以托莱斯公司生产的监控系统为例，它不仅能够实时监测室内的温度、湿度等数据，还可以通过后台直接控制遮阳设备、风机设备等。其优势是后台在分析传感器上传的数据后，农民能及时反应并制订相应的工作计划，可以在很大程度上节约人力成本。

10.2.2　智能温室自动调节内外部环境

在全球气候变化加剧的大背景下，随之而来的是农业生产的不可预测性加剧。为了拥有更高的生产效率和更强的防灾能力，现在的农民更多倾向采用以高新技术为基础的现代化农业生产方式。其中，智能温室就是一个典型的例子。

温室能够提供一个可控的环境，让农作物在最适宜的环境中成长。在传统温室下，无论是温室内的小气候还是农作物的生长数据都是由人工记录的，存在耕作模式僵化、无法预判突发状况等问题。智能温室通过传感器和通信技术，能够随时自动监测周围环境和农作物的数据。

这些数据被上传到物联网平台，然后利用大数据得到具体结论，来判断有无异常。因此，根据数据分析的结果，空调、照明、灌溉和喷洒等设备都可以随时按需调节。另外，持续的数据监测还可以对农作物感染疾病的风险进行预测，能够增强农民应对突发状况的能力。

在农业管理方面，智能温室主要有以下 4 种优点。

1. 保持理想的小气候

物联网传感器可以帮助农民以最精细的程度收集数据，包括温度、湿度、光照和二氧化碳含量等。这些数据都会实时提供给大数据中心，然后根据大数据中心的分析结果对空调和照明设备进行调节，以保证农作物生长在最理想的小气候中。另外，加速度传感器还能识别温室门的开关状态，以确保环境的监控更严格。

2．精准灌溉施肥

除了时刻调节环境外，智能温室还能让农民时刻掌握农作物的生长状态，确保灌溉、施肥等工作能精确符合农作物的实际需求。比如，系统显示某一株农作物缺水了，喷洒器就会自动灌溉，直到标准数值就会自动停止，最大限度减少人工干预。

3．控制感染，避免疾病暴发

农作物感染是一个长期困扰农民的难题，每次爆发感染都会带来巨大的损失。对此，可以用农药解决，但农民一般不知道使用农药的最佳时间以及用量，反而会引起安全、成本及其他方面的问题。智能温室对于农作生长状况的实时监测能够实现对疾病的预测，利用这些数据，农民可以在感染暴发的第一时间对农作物进行治疗，最大限度地降低风险。

4．防止盗窃

高价值农作物很容易成为偷盗者的目标。传统温室使用的闭路电视的监控系统价格高昂，因此很多农民都没有安装有效的安全系统。智能温室物联网传感器有监测温室门开关状态的功能，农民可将这个功能与自动报警系统相连，当温室门打开时，系统就会自动报警。

农业的本质，就是利用有限的资源供养不断增长的人口，随着人们对生活质量要求的提高，对农产品的要求也越来越多样化。智能温室的出现就是遵循了这样一个"势"，即在一个人力成本提高、资源减少的当代社会，还要大幅提高农作物产量。

第一，人力成本逐渐增加。我国已逐步迈入老龄化社会，人均收入也呈现逐年提高的趋势。2015 年招一个人一天只需要付出 80 元，而现在一天需要付出 150 元甚至 200 元。对于劳动力需求量大的农业生产来说，这无疑是一个大问题。智能温室采用全自动机械化控制，最大限度地降低了对人力的依赖，可以很好地解决这个问题。

第二，土地成本逐渐提高。土地资源是农业的基础，目前的趋势是土地越来越少、越来越贵，智能温室采用精确化、科学化的种植方式，可以大幅提高土地的利用效率，减少土地污染的可能性，进而实现利用最少的土地、种出最多的农作物的目标。

第三，绿色农产品价格上涨。我国消费者的食品消费结构已经从谷物、粮油为主变成了以鲜蔬、水果为主，而且更趋向绿色、无公害消费，更注重产品的质量，而不是价格低廉。智能温室采用科学化的种植方式，精准施肥打药，不会出现农药超标的现象，更符合当代消费者对食品的需求。

以番茄种植为例，如果三年之内产量达到 75 千克 / 平方米，而且人力成本降低到 2000 平方米 / 人的水平，再通过智能控制系统将能耗降低到传统温室的 70%，十年之内就可以实现资产回收。而且从长远看，智能温室能够实现高效率地集中生产高品质蔬菜，是农业可持发展的必然趋势。

10.3　控制和规避自然灾害

在 5G、大数据、人工智能等技术的助力下，农业管理已经趋于智能化、数字化、自动化，可以严格监督农业生产并对自然灾害进行预警，帮助农民更好地控制和规避自然灾害。例如，相关技术可以严格管理农业生产过程，对墒情、旱情、病虫害等因素进行精准预警并及时解决，从而防止农民遭受不必要的损失。

10.3.1　墒情、旱情快速预报

高温和干旱历来影响农作物生产，它使农民"闻风丧胆"。严重的干旱能使农作物产量锐减甚至是绝收，这意味着农民的努力全部付诸东流且面临无收入的风险。

而 5G 和物联网的结合帮助农民改善了这一困境。其能够根据不同地域的土壤类型、灌溉方式、农作物种类等划分不同区域，通过各种传感器和智能气

象站实现在线获取墒情、旱情、养分、气象等方面的数据，实时监测天气变化。此外，5G 和物联网还能够有效帮助农民规避自然灾害，实现高温、旱情自动预报，减少自然灾害带来的损失。

旱情监测预警系统可解决传统种植过程中对农作物墒情、旱情监测不及时的问题，为水肥智能决策、控制提供依据。例如，墒情系统通过传感器采集土壤数据、气象数据、农作物生理数据，再借助 5G 将这些数据实时回传至数据处理中心，由系统进行整合分析，通过和标准墒情信息数据库中对应农作物的标准数据进行对比，达到监测预警旱情的目的。

10.3.2　智能诊断病虫害

对于农民来说，没有什么事情比保护好农作物更重要。在现代农业中，农作物保护包含了灌溉、耕耘、诊断病虫害等多个方面，其中最重要的就是诊断病虫害。一般来讲，传统的病虫害诊断是由农民通过视觉检查来完成的，这种方式存在两个比较明显的弊端——效率低、误差大。然而，对于一台融合了机器学习的计算机而言，诊断病虫害实际上就是一个模式识别，整个过程非常高效。

将机器学习融入病虫害诊断，不仅可以使农业生产过程得到改进，还可以提高农产品质量。与此同时，自然资源也可以得到高效利用。现代农业中的机器学习不仅有利于保证病虫害诊断的精准性，还有利于减少因诊断失误而导致的资源浪费。

病虫害问题由来已久，而机器学习等技术恰恰是解决该问题的突破点。虽然现在病虫害诊断的准确率还没有达到 100%，但是朝着这个方向去努力总归是没有错的。例如，深圳市识农智能科技有限公司研发的"识农"App 已达到了上述要求。

"识农"App 拥有强大的数据库。该数据库的数据有三方面的来源：与有关专家、科研院所进行合作；工作人员亲自去田间收集相关数据；用户上传的病虫害数据。这些数据使得该 App 能够从全局角度精准把握病虫害发生的趋势，并指导农民进行科学防治。

"识农" App 能将用户上传的案例存储为个性化档案，根据其需求有针对性地给予精细化指导，使用户能够在有效防治的基础上科学施用化肥与农药。以柑橘为例，每天会有大量的柑橘种植者通过该 App 识别其柑橘上的病虫害。用户拍摄发病农作物的照片并上传后，该 App 后台会运用人工智能进行识别分析，进而指导柑橘种植者用药。

若人工智能无法识别，用户便可以咨询后台的专家，再由专家进一步给出确诊信息和解决方案。这种智能防治系统能够有效降低试错成本，帮助农民提高种植效率。它使农民在预防自然灾害时从依靠经验、人力到依靠科技，为农业管理带来了极大的便利。

10.4　优化劳动力管理

新冠肺炎疫情让世界格局经历了大变革和大调整，也使就业压力进一步加大。在农业领域，劳动力管理十分重要，这对加速发展相关产业、提高农村就业质量、扩大国内需求、缓解农民就业压力有非常重要的战略意义。因此，为了更好地实施乡村振兴战略，我国需要为农业引进科技人才，不断优化劳动力管理。

10.4.1　技术人才替代普通劳动力

技术应用于农业后，许多重复性劳动都能够通过智能设备来进行，这将大大节省农业生产中的普通劳动力。例如，在温度调节方面，智能设备对温差的感应是瞬时的，能够较快调节温差，有利于为农作物提供良好的生长环境，从而提高农作物的生长效率。

同时，在农业管理中，技术人才也能够替代普通劳动力，从而进一步解放劳动力，并实现劳动力的升级与优化。依托技术人才，农业管理将变得比之前更高效。例如，技术人才可以研发自动化智能系统，浇水、施肥、采摘等传统农业中耗费人力的重复性劳动都可以通过这些系统来完成，大大节省了人力成本。

在京东植物工厂中，流程化农业管理就为其大大节省了人力成本。京东植物工厂的面积只有不到一公顷，但其产量预计每年可达到 300 吨。该工厂的蔬菜可以全年生长和收获，普通菜地里每年最多收获 4 次蔬菜，在这里一年能够收获 20 次。因为主打自动化和智能化，所以京东只为该工厂配置了 4～5 个员工，节省了一大笔人力成本。

现代农业的发展推动了劳动力的转型和升级。例如，智能设备的应用解放了大量普通劳动力，发挥了技术人才在农业生产中的作用。在技术越来越发达的时代，农场、田地将实现生产与管理的智能化，少而精的劳动力将是数据分析员、程序员甚至机器人。

10.4.2 中兴：开展智能农业管理演示

在 5G 全面覆盖的农场中，各项智能设备都能够根据采集到的数据为农作物营造出最佳的生长环境。中兴通讯公司就曾演示过智能设备在农业领域的应用场景。在应用场景演示中，中兴通迅用无人机对一片土豆种植区进行拍照与数据采集，当采集结束后，无人机通过 5G 将照片传输至服务器终端，终端在接收到照片后立刻制订了对这片土豆种植区的保护计划。

在中兴通讯的实验中，原本在 4G 环境下需要两天才能把照片从无人机传输到终端再由终端分析后回传的过程，在 5G 环境下仅需 2 小时。这充分展现了 5G 应用于农业管理的优势。农业管理的智能化节省了人力成本，对农作物的实时保护也能间接提高农业生产的利润。

除了中兴通讯以外，浙江省也成功开启了"5G 智慧农场"的项目。在农业博览会上，该项目的工作人员用 5G 手机实现了对智慧农场各生产环节的精准操控，原本需要多人劳动的环节现在只需要一台 5G 智能设备就能瞬间完成。

　　与此同时，浙江省湖州市也开始借助各种智能设备进行农业生产活动，这些智能设备的出现在提高了生产效率的同时也避免了劳动力过度消耗。在智能设备的助力下，越来越多的人能够从重复性劳动中解放出来，投身到更有价值的劳动中。

第 11 章

农民职业化：高素质农民引领就业新风向

如果说农民是现代农业的主体，那么农民职业化就是衡量现代农业的一个重要指标。早在 2012 年，相关部门就实施了高素质农民培育工程，现在已培养了大批能创新、敢创业、有技术的高素质农民。他们引领着现代农业的发展，是乡村振兴战略中的先行者和佼佼者。

11.1 农业职业教育，为农民"提质增智"

随着一批怀揣梦想的人才进入农业领域，农业职业教育就变得越来越重要。接受过农业职业教育的新型农民呈现出与传统农民不一样的特点，前者更关注农村统筹发展，以及农作物高效、精准种植。目前，我国形成了"一主多元"的农民教育培训格局，而且坚持以实践为主，主张让高素质农民进行灵活的伴随式学习。

11.1.1 "一主多元"的农民教育培训格局

传统农业从事者主要依靠经验与人力，其常年劳作，付出大量的劳动力但收入却相对微薄。随着社会的发展与进步，新技术不断融入农业行业，农业也不再是只需要体力劳动的行业了，高素质农民的重要性逐渐凸显。

《中共中央 国务院关于全面推进乡村振兴加快农业农村现代化的意见》（2021 年中央一号文件）中明确提出："培育高素质农民，组织参加技能评价、学历教育，设立专门面向农民的技能大赛。吸引城市各方面人才到农村创业创新，参与乡村振兴和现代农业建设。"

由此可知，乡村若想振兴，必须拥有高素质农民。那么，高素质农民需要具备哪些素质呢？乡村又该如何系统性地培训高素质农民呢？

先来看高素质农民应具备的素质。《中国共产党农村工作条例》第二十一条明确提出："各级党委应当加强农村人才队伍建设。建立县域专业人才统筹使用制度和农村人才定向委托培养制度。大力提高乡村教师、医生队伍素质。加强农业科技人才队伍和技术推广队伍建设。培养一支有文化、懂技术、善经营、会管理的高素质农民队伍，造就更多乡土人才。"

当各种新兴技术与农业结合后，农民必须对新技术及新变化有足够的了解，能够适应新技术带来的改变。综上，高素质农民必须是"有文化、懂技术、善经营、会管理的"。高素质农民包括经营管理型、技能服务型与专业生产型三大类。

培养高素质农民是达成乡村振兴目标的重要途径。乡村可以采用"一主多元"的教育培训体系。"一主多元"的"一主"指的是各农民教育培训专门机构作为培训主体，比如，农民科技教育培训中心、农业广播电视学校等为主体；而"多元"指的是作为辅助的农业科研院所、农业院校等其他社会力量。"一主多元"的培训体系层次与形式多样，覆盖面积广，具有经常性和制度化的特点，能够满足高素质农民的教育培训需求。

此培训体系能够强化各农业科研院所、农业院校的社会服务功能，将科研与教学同农民教育培训结合起来，充分利用各种农民教育培训资源。

11.1.2 实践为主，灵活的伴随式学习

在乡村振兴战略中，农民是主体，高素质农民更是十分难得的人才。《中共中央 国务院关于抓好"三农"领域重点工作确保如期实现全面小康的意见》（2020 年中央一号文件）明确提出"培养更多知农爱农、扎根乡村的人才，推动更多科技成果应用到田间地头""整合利用农业广播电视学校、农业科研院所、涉农院校、农业龙头企业等各类资源，加快构建高素质农民教育培训体系"。

为了全面落实 2020 年中央一号文件的要求，我国要助力农村构建完善的高素质农民教育培训体系，让农业广播电视学校发挥更重要的作用。农业是一个需要农民亲身劳作，也需要丰富经验的产业，因此，在进行高素质农民培训时，组织实践活动是非常必要的，同时也要做到劳逸结合，以灵活的伴随式学习降低学习者的压力。

11.1.3 河南夏邑"四步培养法"

高某是河南省商丘市夏邑县人，他早年在南方经商，后回到家乡务农，用大棚种植甜瓜。因为缺乏甜瓜种植经验，高某种植的甜瓜患上了白粉病。后来，农业广播电视学校的老师教给他"闷棚"方法，高某才保住了这批甜瓜农作物。尝到了技术甜头的高某，随后进修了现代农艺技术专业，靠着这些知识，他年收入近 50 万元，在当地带头致富。

在夏邑县，像高某这般参加过农民职业培训的人数高达 13 万。这些从农民教育培训中获益的人，支撑着现代农业的发展。

"农民需要什么技术就开展什么样的培训，使农民听了就明白、学了就会用、用了就能增加收入。"本着这样的出发点，夏邑县以"培养新农民、发展

新农业、建设新农村"为己任，采用了"四步培养法"来振兴乡村，如图 11-1 所示。

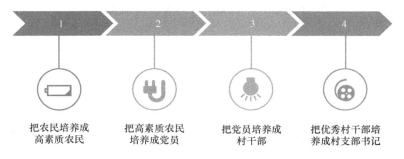

把农民培养成　　　把高素质农民　　　把党员培养成　　　把优秀村干部培
高素质农民　　　　培养成党员　　　　村干部　　　　　　养成村支部书记

图 11-1　振兴乡村的"四步培养法"

这样环环相扣的培养方法，能够让基层干部真正了解当地农民的情况，精准地带领农民走上致富道路，达成振兴乡村的目的。

培养高素质农民，实施乡村振兴战略，能够为农业与农村的发展带来以下影响。

（1）提高农业的质量、效益与竞争力，让更多人留在农村，解决农村人才流失的问题。

（2）扩大新型农业经营主体，唤醒农村发展活力。

（3）促进农村各产业融合，进一步开展创业、创新。

（4）引领农业绿色发展，使农村达成"三生"（生产、生态、生活）共赢的局面。

11.2 "人才+"模式助力乡村振兴

乡村要振兴，人才是非常关键的一个要素。近年来，很多乡村都推出了"人才+"模式，通过产才融合、技术助力、党建引领，走出了一条振奋人心的乡村振兴之路。这有利于推动农业模式创新、农业科学研究、优质资源回流，而且还可以让人才对实施乡村振兴战略起到引领作用，利于其坚定不移地深入一线开展服务活动，心甘情愿地扎根乡村。

11.2.1 "人才+产业"：构建产才融合生态圈

人才是乡村振兴的关键因素，能加快地方发展速度，帮助地方吸引其他人才与资源。人才与地方发达程度是相辅相成的关系。地方越发达则人才数量越多，人才数量越多则地方越发达。但这也意味着，若一个地方无法吸引人才，则只会陷入"缺乏人才—贫困加剧—更缺乏人才"的怪圈。因此，乡村若想实现振兴目的，就要留住人才并发挥人才的作用。

要想留住人才，首先，乡村要发展产业。产业能吸纳人才，为人才提供发挥能力的平台。乡村应鼓励人才创业，依靠特色产业吸纳人才回乡就业。

其次，乡村要注重教育，培养人才。随着科技与种植技术的发展，种植早已不再是"看天吃饭"之事。但先进的种植技术也要求农民必须有与之匹配的高素质。因此乡村必须重视对高素质农民和人才的培养。比如开办农民夜校、提升乡村教育等。

再次，乡村要吸引人才。人才是乡村振兴的重要力量，欲解决人才缺乏的问题，乡村就需要加大政策引才力度。除引进外来人才之外，本土人才的力量也应得到重视。

最后，乡村要做到"以用为先"，保证人才的能力能够充分施展。如此，人才才会愿意留在乡村，全身心地投入到乡村振兴的事业当中，为乡村振兴持续地贡献力量。

下面结合广州市白云区的例子来看一下。为实现乡村振兴，白云区推出了"人才+"模式。在该模式下，白云区将乡村与中心城区的人才、产业等资源紧密对接，将人才引向乡村振兴第一线，令人才聚集，再令人才投身到特色产业的发展中，使人才与特色产业带动一方致富。

2020 年上半年，该区共引进旅游业、商务业的人才近 500 人。这批人才推动建设了市级以上农业企业 50 余家、市级观光休闲农业示范村 8 个、市级"一村一品"专业村 3 个。此外，还推动了如世外桃源一类的一二三产融合发展产业的建设。

这批企业又举办了招聘会，引导企业与乡村自愿结对帮扶，这一举措为当地村民提供了近 3000 个就业岗位。

"事靠人做，业由人兴。"乡村振兴战略离不开人才，"人才+产业"的模式能使产业与人才融合，使人才促进产业发展，产业吸引人才聚集，推进乡村快速朝着振兴目标发展。

11.2.2　"人才+科技"：科研人才引领农业创新

王杰是一名农业大学的毕业生。当初他之所以选择农业大学，就是想通过自己的力量，带领乡亲们摆脱贫困，走向致富之道。

王杰的家乡本是一个土地肥沃，水源充足的地方。但是由于乡亲们的农作物栽培方法落后，收成有限，所以他的家乡长期处于贫困落后的状态。他的父母也是其中的一员，尽管他们非常勤劳，然而收入却十分微薄，就连王杰上大学的学费都是贷款而来的。

从农业大学毕业后，王杰并没有忘记自己的初衷，于是他毅然决然地回到家乡。他的父母对他的这种举动表示不理解，也不支持他这样做。然而，王杰还是排除万难，开始了他的返乡计划。王杰成立了一家农业技术指导公司，开始免费为乡亲们提供农业技术指导。半年时间过去后，王杰家乡的各种农作物的长势都有好转，产量也大大增加了。

王杰的案例就是典型的"人才+科技"带动农业发展的案例。《中共中央 国务院关于全面推进乡村振兴加快农业农村现代化的意见》中表明，要强化现代农业科技和物质装备支撑，加快推进农业现代化。

欲使"人才+科技"带动农业发展，乡村可以参考以下几点做法：

（1）将创新技术、科研成果、高端人才这类的资源向农业农村集中，令科研院校人才在乡村振兴事业中发挥带头作用。

（2）与农科院、农业大学这类专业技术团队合作，建立对接关系。

（3）利用先进适用技术，围绕当地特色产业开展科技帮扶项目。

11.3 持证上岗开启农业现代化

农业现代化是当之无愧的农村发展新动能，而职业型农民在其中发挥的作用也是不可估量的。在我国越来越重视农业现代化的背景下，职业型农民也被抬到了一个比较高的地位。现在已经有上万人获得了职业型农民认定，实现了"持证上岗"，成为农业现代化的中坚力量。

11.3.1 农民技术职称证书

新型职业农民会将农业作为固定职业或终身职业。新型职业农民具有六大特征，如图 11-2 所示。

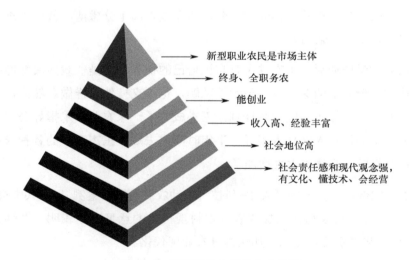

图 11-2 新型职业农民的六大特征

培育新型职业农民不仅能够解决"谁来种地"的问题，还能够高效种地、科学种地。

《"十三五"全国新型职业农民培育发展规划》①提及"新型职业农民正在成为现代农业建设的主导力量。随着现代农业加快发展和农民教育培训工作有效开展，一大批新型职业农民快速成长，一批高素质的青年农民正在成为专业大户、家庭农场主、农民合作社领办人和农业企业骨干，一批农民工、中高等院校毕业生、退役士兵、科技人员等返乡下乡人员加入到新型职业农民队伍中，工商资本进入农业领域，'互联网+'现代农业等新业态催生一批新型农民，新型职业农民正逐步成为适度规模经营的主体，为现代农业发展注入新鲜血液。"

新型职业农民分为三类，分别为生产型职业农民、服务型职业农民、经营型职业农民。

（1）生产型职业农民。此类型农民拥有一种或几种高专业度的农业生产技术以及大量农业生产经验。其所从事的农业生产活动具有高附加价值，比如园艺、经济农作物等。

（2）服务型职业农民。此类型农民拥有一定的农业服务技能，主要服务对象为农业产前、产中和产后的群体，比如农产品电商人才、农害防治人员。

（3）经营型职业农民。此类型农民拥有一定的资金或技术，以及丰富的农业生产经营管理经验。其主要从事与农业生产有关的经营管理工作。

新型农民技术职称证书是指达到新型农民职业要求的农民群体和通过各类涉农大专院校培训的群体所取得的证书。取得该证书有两个条件：一是需要经过 600 个学时的培训；二是通过相关的考试。该证书有两方面作用：一是农民凭该证书可以在农业生产过程中获得免费指导；二是农民凭该证书可以获得相关农业政策扶持，如创业贷款、农业生产用地等。

11.3.2　规范化经营，职业精英的新出路

目前乡村地区的村民主要有两种经营模式，一种是个体经营，另一种是与

---

① 农业部. 农业部关于印发《"十三五"全国新型职业农民培育发展规划》的通知[S]. 2017.

合作社合作经营。依靠个体和经验经营的模式，普遍无法快速发展和可持续发展。下面结合一个具体案例来看。

吕某是 A 村的村民，从事农产品销售业务。一开始，农作物的销售工作主要依靠他和其他村民。他们每天会拿出地图，划分区域，然后由不同人负责不同区域的销售工作。这种销售方式虽然销量大，但始终不稳定。一旦农产品销售不及时，就会面临变质的风险。

后来吕某偶然了解到规范化经营的发展理念，于是同众村民一起对现有的经营模式进行了改革。其具体做法如下。

1. 成立销售工厂

由村民供货，员工统一打包农产品，而后进行销售工作。收入按村民所供农产品的数量和质量进行分配。

2. 采取合作化经营模式

A 村的农民专业合作社经营范围广，其主要经营对象为当地的特产和农产品。其中有四种颇具特色的合作化经营方法值得借鉴，下面来具体看一下。

（1）成立"社企连接"型合作社。"社企连接"型合作社由当地龙头企业主导，通过企业与合作社合作的方法，构建以龙头企业为主导、将农民专业合作社当作主体的合作模式。在这种合作模式下，农民能够同合作社建立密切的合作关系。

以该村的茶叶专业合作社为例。该合作社由 A 村一家茶厂发起，帮助附近约 400 家农户提高了收入。该茶厂在此合作模式中负责向合作社提供其生产所需的农业物资。为保障生产效率和产品质量，该厂聘用了专业茶叶种植人员和技术顾问，从源头上把控茶叶的质量与产量。

这一模式降低了茶叶的生产成本和生产风险，提高了合作社各成员的收入以及合作社的市场竞争力，令企业、合作社与农民三方共赢。

（2）成立"社户连接"型合作社。农民专业合作社与个体农户合作，以"合作社+农户"的模式进行生产，这是其进入市场的主要渠道之一。在该合作模式下，农民专业合作社可为农民提供技术指导和管理经验，而农民生产出的农产品在农民专业合作社的资金链和销售渠道等优势的帮助下，能够产生品牌效益。

这种合作模式从农产品的生产技术、质量、定价等角度帮助农民解决了农产品滞销的问题。举例来说，该村的养蜂专业合作社就是典型的"合作社+农户"的生产模式。该养蜂合作社的创始人拥有 20 多年的养殖经验并拥有自己的品牌。

随后其成立了该合作社，联合当地养蜂人共同养蜂。创始人为当地养蜂人提供养蜂指导，产出的蜂蜜则以此养蜂人的品牌名义进行售卖。"社户连接"型合作社的本质是先进个人带动他人共同致富。此种合作社形式也是最常见的形式之一。

（3）成立"社超连接"型合作社。"社超连接"型合作社是指农民专业合作社直接向市场供货，是一种跳过传统中间收购商的直接合作的模式。该合作模式拓宽了农产品的销售渠道，且因为没有中间商赚取差价，增加了合作社和农民的收入。

举例来说，该村的蔬菜专业合作社就是典型的"合作社+市场"的生产模式。该蔬菜专业合作社的蔬菜统一采用品牌名和包装样式，通过专属渠道直接配送到当地实体超市。

（4）成立"社店结合"型合作社。"社店结合"型合作社指的是合作社开设专营店铺售卖农产品。在这种模式下，合作社能够直面消费者，及时了解其需求并得到消费者的反馈信息。通过反馈信息，合作社能够及时对生产销售的各个环节进行调整和管理。

这种模式能够减少中间代理商的成本，增加利润。但其缺点是成本较高，因为开设专营店铺需要大量成本，比如房租、网费、员工工资、装修费等。而且当专营店铺的收入不理想时，合作社的整体状况都会受影响。

但随着互联网技术和电子商务行业的发展，大量合作社改开网店，此类型的合作社逐渐转为电子商务型合作社。电子商务型合作社使企业、厂家、合作社的连接更密切。比如，当地的茶叶专业合作社开设了一家线上旗舰店，由当地茶厂直接提供品牌茶叶。

3. 建立产品生产标准

建立产品生产标准的目的在于生产优质安全的农产品。这种标准化的农产品更符合消费者的需求，也更容易打造品牌，提高农产品的附加值。

A 村的案例给乡村的启示是：规范化经营可以让职业农民有发挥的空间，能提高村民的收入，减少生产环节的成本，降低个体经营的风险。这种规范化的经营模式，实质上实现了更大范围的资源共享。

第12章

农业服务业：现代农业发展的新引擎

农业服务业对于我国来说是一个非常重要的产业，如今正处于发展的战略机遇期，我国应该牢牢抓住这个机遇，通过前沿技术与高新设备使相应的成果能够顺利落地。当下我国的农业服务业势头强劲，可以很好地推进农业现代化发展，助力乡村振兴。

12.1 农业服务是如何兴起的

农业服务促进了一二三产业的融合，也在实施乡村振兴战略、推动农业现代化的过程中发挥着不可忽视的作用。那么，农业服务是如何兴起的呢？这与土地加速流转、农资经销商转型、劳动力成本激增、专业化生产发展等因素息息相关。

12.1.1　土地流转加速，农资经销商急需转型

农村土地流转指的是农民在不变更承包经营权的前提下，把土地经营权移交给其他经营单位。而近年来土地流转的速度明显加快，造成这种情况的原因如下。

1．大量劳动力进城落户，留守农民劳动能力欠缺

由于传统农业生产经营活动利润低、收获少、大量消耗劳力，农村发展落后，医疗、教育资源匮乏等原因，农村地区的许多青壮年劳动力纷纷向城镇地区流动。而且由于农村的发展状况与城市相距甚远，许多青壮年劳动力有了一定经济基础后，往往选择在城市落户，不会返回农村。

而农村地区的留守农民可以分作两类：一类是 60～70 岁的老年人，他们往往长期居住在当地；另一类是 50～60 岁的壮年人，他们属于"候鸟式"留守，即农闲时进城务工，农忙时回家种地。

前者由于年龄原因，丧失了大部分劳动能力，无法外出务工。因此只能常住在家，农忙时节帮忙收获，农闲时节在家中养老。而其子女往往在城镇地区就业或安家，极少回乡；后者随着年龄增长，也会慢慢丧失劳动能力。因此其手中的土地只能被迫流转或转让。

2．土地流转由卖方市场变为买方市场

在早先时候，农民自身对土地需求量大，自家土地一般都是由自家耕种，很少会选择出租或转让。彼时农村地区若有人有意愿建立合作社或想承包土地的，需要付出高昂的租金，能租赁到的土地数量也有限。故而那时的土地流转是卖方市场。

而近年来，随着人口外流，务农人数减少，农村地区存在着大量闲置土地。因此土地流转变为买方市场，有心者可以用相对低的价格租到大量土地。

3．政策推动土地流转

为了使农村地区的闲置土地得到利用，政府出台了相关政策，发放各种补贴鼓励种田人承包土地，比如颁发土地承包权、土地使用权证书等。在这

些条件的影响下，土地的承包权和使用权能够进入市场。农民可以选择有偿转让或直接过户，此种措施既保障了土地承包制度，又促使土地流转速度加快。

而土地流转的加速促使农用物资的销量减弱，因此一部分农资经销商为了增强竞争力，从农资经销商转型成为农业服务商。

12.1.2　劳动力成本激增，农业服务市场大

农业劳动者指的是参与农业生产经营活动的人，包括但不限于涉及任何种植业、牲畜饲养业、园林业、水产业等。目前，农村地区的剩余劳动力多为女性与老年群体。这些剩余劳动力普遍受教育水平低，且不具备太强的劳动能力。

农业工作对体力要求高、劳动时间长且利润低，因此，越来越多的农村家庭劳动力开始外流，劳动力成本也进一步上升。下面具体看一下劳动力成本上升的原因。

（1）劳动力供小于求。我国是农业大国，但当前社会的主流观念是农业社会地位相对较低。国人长期以来轻农重工，从事农业无法满足年轻劳动力对于个人和职业发展的需求，农村人口向城市流动导致农村劳动力越来越少。虽然智慧农业的发展弥补了部分劳动力减少带来的影响，但部分农事作业是无法由机器取代人工的，比如收获、播种等。这种供小于求的情况使得最终的劳动力成本上涨。

同时，非农业行业的收入普遍高于农业，其收入的上涨也促使农业劳动力的价格升高。因为若非农业劳动力与农业劳动力的收入相差过大，会导致更多劳动力选择从事非农业劳动工作，如此一来，潜在劳动供应量又会减少。在这些原因的作用下，劳动力的成本日趋升高。

（2）人口结构改变。我国人口基数大，劳动力数量多，基于此种人口红利，我国发展十分迅速。但受生活成本增加、生育压力增大等因素影响，我国的人口出生率呈现下降趋势；同时，由于医疗体系逐渐完善，人均寿命越来越

长。劳动力的占比在这一过程中越来越低，我国人口结构也随之发生改变。由此可知，劳动力成本随时代发展而不断上升，对乡村发展来说并非好事。

劳动力人数下降、成本激增的情况使得越来越多的农民对劳动力的需求提高，他们渴望以更少的劳动力获得更高的生产效率。这也促使新型农业设备租赁服务业和农业技术指导服务业等行业兴起。

12.1.3 互联网+农业，为农民开阔了新思路

互联网的快速普及，使得以移动终端为载体的数字内容迅速发展。这意味着人们可以轻松享受互联网带来的种种便利。互联网的发展与各种技术的成熟为农业带来了新突破，更为农民开拓了更有价值的发展思路。

互联网使农业实现了四个方面的智能化提升：一是种植、养殖技术智能化；二是种植、养殖过程智能化；三是农业生产管理智能化；四是劳动力管理智能化。

此外，互联网与人工智能的结合使农产品销售变得智能与便捷——人工智能可以智能地为农民推荐销售渠道，而互联网为农民提供远程实时沟通渠道，这使得农业形成从产到销的完整产业链，农业发展更迅速。

在这个过程中，大量农村劳动力从繁重的传统农事生产中解放出来，他们有更多精力去拓宽收入渠道。此外，直播、短视频等新媒体平台接触门槛低、观众流量大，许多农民借助这些平台去宣传农产品与农村文化并从中获得收益，互联网让农业生产更智能，让农业管理更便捷，使智慧农业实现全方位的升级，因此促使大量农业服务平台出现。

12.1.4 大量高学历人才涌进，推动专业化生产

受传统发展模式的影响，大量农村人口因为教育、医疗等资源迁往城镇，农村地区高素质人才流失严重。农民的年龄、文化、性别结构不协调且对互联网信息技术缺乏了解，现代化农业生产意识淡薄。但近年来，由于以下这些原因，大量高素质人才涌进农村。

（1）城镇地区生活成本过高。房价上涨快，物价不断升高，影响了人们的生活质量。而随着农村地区基础设置的完善和整体的发展，人们发现农村生活压力更小、环境更好，整体宜居性更高，因此又向农村地区流动。

（2）政策的支持。近年来，国家重点解决"三农"问题，加大对农村地区发展的支持力度和补贴力度。2021 年中央一号文件提出："吸引城市各方面人才到农村创业创新，参与乡村振兴和现代农业建设。"

（3）情怀因素。许多在外打拼的人才对于故乡有着怀念和眷恋的心理，其愿意在功成名就后带着资源回到家乡，助力农村的发展。

新型的智慧农业对于科学生产知识、互联网应用技术、数据化分析技术和农机设备智能化操作等提出了很高的要求，新趋势需要的是既掌握农业知识又懂得信息技术的高素质人才，而这些人才能够满足这一要求。

这些人才回到农村后，往往不直接从事农业生产活动，而是作为复合型农业生产管理人才，为农业生产提供各种各样的服务，比如技术指导服务、农产品销售服务等。

12.2　什么样的农业服务模式更能落地

为了促进农业可持续发展，很多农村都建立了独具特色的农业服务模式，使小而散的农业经营者可以进一步提升竞争力。农业服务前景广阔，农民可以将其作为创业项目，但获得收益的前提是选择正确的农业服务模式，如良种业服务、新型农技服务等。

12.2.1　良种业服务

良种业服务可以在培育、筛选、推广优良种子方面提供标准化服务。例如，安徽隆平高科种业有限公司就是一个主营良种业服务的公司，成立于2002 年，由袁隆平农业高科技股份有限公司投资控股，坐落于安徽合肥国家高新区内。

该公司主要研发有利于粮食增产的棉花、水稻、小麦、玉米等种子，集优良种子选育、生产、推广为一体。该公司受到了袁隆平院士的支持和认可，获得了袁隆平院士的题字，如图 12-1 所示，是一家非常优秀的现代良种业公司。

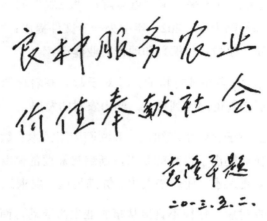

图 12-1　袁隆平院士的题字

现在该公司正在稳步发展，充分发挥自己的品牌优势和人力资源优势，坚持以技术创新为先导，以良种业服务为核心，为发展农业、繁荣农村、富裕农民积极努力。

12.2.2　农产品流通业服务

农产品流通是指农产品通过交易的方式，从生产领域进入消费领域的过程。农产品经纪人就是为了激发城乡经济的活力而出现的新兴职业。他们穿梭于城乡之间，一边关注农民的农业生产，一边负责传递农业市场的真实需求。

在农产品经纪人背后，还有很多实力强大的农产品流通企业，这些企业作为连接农民和消费者的"桥梁"，具有促进生产和消费的功能。现在能实现农产品高效、稳定流通，并保证农产品质量的农产品流通企业十分受欢迎，这些企业对推动农业发展、城乡经济发展、现代社会发展有非常重要的作用。

在产销信息不对称、产销市场衔接不通畅的情况下，加速农产品流通，确保农民有稳定收益的工作刻不容缓。在这个过程中，农产品经纪人和农产品流通企业的作用不言而喻。

12.2.3 农资连锁经营业服务

农资连锁经营业服务是一种由总公司配送各种品牌的农药、化肥、种子等农业生产资料，再由农资超市分散经营，最终由总公司统一管理的服务模式。该服务模式有一定的优势，主要表现在以下几个方面。

（1）连锁经营可以使农资销售标准化、规模化，更有效地降低农资成本。

（2）农资连锁经营业服务可以通过统一采购防范假冒伪劣农产品进入流通领域，充分保证消费者的权益，避免发生假冒伪劣农产品坑农、害农的事件。

（3）农资连锁经营业服务有利于农业知识传播。农资连锁企业可以和农业部门合作，利用连锁销售网络邀请技术专家指导农民播种、施肥，及时解答农民的疑难问题，使农业更好地与技术融合，加快农业知识在农村的传播速度。

（4）农资连锁经营业服务可以很好地解决农村剩余劳动力的就业问题。农资连锁企业可以吸纳一定数量的农村剩余劳动力，降低他们的就业压力。

（5）农资连锁经营业服务有利于维护农产品流通渠道的战略安全，使农资连锁产业链具有更强大的承载能力，打造有吸引力的农资连锁品牌。

为了推动农资连锁经营业服务的发展，我国规划了一批农资连锁重点企业，包括中牧实业股份有限公司、吉林吉农高新技术发展股份有限公司、吉林中农资联合贸易有限责任公司吉林省分公司、黑龙江北大荒农垦集团农业生产资料有限公司、江苏省农垦商业物资集团公司、江西省乐富农资连锁有限公司、陕西秦丰农业营销网络有限公司等。在这些企业的助力下，农资连锁经营业服务会为我国的智慧农业做出更大贡献。

12.2.4 新型农技服务

新型农技服务指的是为农民提供新型农业技术方面的指导与服务。大部分农民掌握的种植手段和种植技术相对落后，外加农村地区人才有限，信息相对闭塞，这些农民在遇到生产种植问题很难得到有效帮助。

新型农技服务能够有效解决农民"找不到人"和"不知道找谁"的难题。农民可以通过致电、到访等方式，向提供此服务的公司求助，公司则会迅速、高效、专业地帮助农民解决问题，下面结合具体案例来看。

林先生一家世代经营水产养殖业。传统的水产养殖业主要以家庭生产经营模式为主，其效率低、养殖风险大。2020 年初，林先生从外地高价引进一批鱼苗，但因为养殖方法不当，鱼苗损失过半。林先生难过之余向当地的养殖服务公司进行咨询，公司迅速派人来实地考察。经推断，这批鱼苗的死因是养殖密度过大。

公司根据水产养殖的三大核心因素，即底质、水质、鱼质，迅速为林先生制定了这批鱼苗的养殖方案。在公司的指导下，林先生的养殖工作得以继续开展。

12.2.5 农机跨区作业服务

很多农民都对投资农机抱有非常高的热情，农机跨区作业服务更是推动了农机资源在各地区的有效利用。该服务模式让农机的利用率进一步提高，农机手的收益比之前更丰厚，农民对农机的需求也得到充分满足，解决了"有机户有机没活干、无机户有活没机干"的问题。

农机跨区作业是农业生产机械化和农业服务社会化的成功实践，我国借此探索出了一条以"农民自主、政府扶持；市场引导、社会服务；共同利用、提高效益"为核心的特色农业发展道路，走出了一条农业现代化的新道路。

随着农民对农机的需求越来越迫切，农机跨区作业服务的重要性越来越凸显，这也对相关企业提出了更高的要求。现在农机合作社等组织已经成为推动农业生产机械化和农业服务社会化的有生力量，指引农机跨区作业服务进入了一个全新的发展阶段。

12.2.6　现代农业信息服务

现代农业信息服务的核心是为经营主体提供实用、有效的农业信息。例如，农民可以通过提供该服务的企业获得农业政策、农业技术、新品种推介、动植物疫病防控、农业气象、抗灾避灾、典型农户推介、农村土地流转、农村剩余劳动力就业、市场供求情况、农产品价格等方面的农业信息，并根据这些信息制订农业生产计划。

在现代农业信息服务方面，吾谷网是非常有代表性的案例。吾谷网是一个整合了政府、涉农产业、涉农企业的现代农业信息服务平台，主要为涉农人群提供政策要闻解读、市场信息资讯、品牌农业传播、专业人才供求、创富项目推介、农业技术推广等服务。

现代农业信息服务可以汇集国内外与农业相关的信息和研究成果，助力农业品牌建设，满足特色农产品的传播和宣传需求，推动现代农业长远发展。

12.2.7　农业保险服务

农业保险服务指的是为农业生产经营活动提供保险服务。农业的生产经营活动受天气、自然灾害等因素的影响，风险相对较高，同时农业生产活动投入时间长，一旦农作物受损，农民极有可能遭受巨大的损失。

而农业保险能帮助农民分散农业生产风险，避免其因灾致贫，这也是农村保险市场需求巨大的原因。

王某是某高原地区村落的村民，其从事小麦种植工作。当地易干旱，土壤肥力低，天气因素稍微不稳定，农作物受影响就很大。王某务农多年以来始终提心吊胆，担忧农作物减产，顾虑收入骤减，这也是当地人们共同的忧虑之处。

后来该村成立了一家保险公司，相关保险服务一经推出，便广受当地村民欢迎，村民终于可以走出没收成就没饭吃的困境。

目前在我国，诸如水稻、蔬果、家禽等方面的农业保险服务，其覆盖率和承保率均有较大幅度的提升，为更多农民提供了生活保障。

12.2.8　中化 MAP 模式：种出好品质，卖出好价钱

农民会选择某种农业服务模式，是因为它能够改善或解决问题。而农业生产经营过程中存在的问题，以缺乏技术支持、产品利润低、种植风险大等为主。农业生产经营是一个综合性的过程，中化集团的现代农业技术服务平台（Modern Agriculture Platform，MAP）模式能在这个过程中为其提供多方面的保障。下面结合具体案例来看一下。

某镇的土地流转比例逐年增高，但租赁土地的生产者由于缺乏先进的种植技术，不断亏损。后来，当地村民开展了与中化集团的合作。中化 MAP 模式能从以下几个角度为村民提供帮助，如图 12-2 所示。

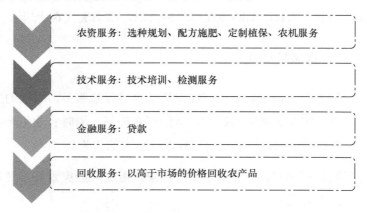

农资服务：选种规划、配方施肥、定制植保、农机服务

技术服务：技术培训、检测服务

金融服务：贷款

回收服务：以高于市场的价格回收农产品

图 12-2　中化 MAP 模式提供的服务

中化 MAP 模式为当地村民提供了优质农资，全程提供技术服务；其技术人员实操经验足、可以实地指导。在这种模式下，不仅能够提高农作物的产量，还可以免去农民担心农产品滞销的后顾之忧。这种能够解决农业生产痛点的模式，是真正能够落地的好模式。

第 **13** 章

农产品深加工：农业也能跨界发展

农产品深加工业已经成为我国的一个基础性、战略性、支柱性产业，该产业对推动国民经济发展的贡献率也逐步提高。同时，在我国，农产品深加工的变革正在发生，多产融合、跨界融合、技术应用等都会使农业盈利点实现大爆发。

13.1 为什么单一农产品卖得不好

大多数农产品都有很强的季节性，等到大批量上市后，非常容易造成供过于求的情况。现在有些农民种植的农产品品种相对单一，市场竞争力比较低，再加上资金有限、保鲜成本高等原因，这些农产品不得不集中销售。因此，只种植单一品种农产品的农民很难取得好的销售成绩，也很难通过自己的农产品获得丰厚盈利。

13.1.1　同质化竞争激烈，低端农产品供大于求

单一农产品销量差的原因在于，当下的市场存在着农产品严重同质化的问题。这种同质化来源于生产方面。

生产方面存在着产量大、供大于求的问题。国家统计局发布的《中华人民共和国 2020 年国民经济和社会发展统计公报》中显示，2020 年我国粮食总产量约 66949 万吨，猪牛羊禽肉产量为 7639 万吨。但通常情况下，人均粮食需求量仅约为 300 公斤/年，其供求明显失衡。而且不仅是粮食、肉类，据分析，目前所有农产品市场几乎都存在供大于求的问题。

这种过剩问题在蔬菜、水果、牛奶这类农产品上的表现尤为突出。这是因为果蔬业和养殖业相比种植业收入高、劳动强度低，是更为快捷的致富途径。加之许多地区号召产业扶贫，政府投资大量资金去兴建果园、蔬菜大棚等基地，亦吸引了商业资本跟风投资。几方合力虽能使产量增加，但市场需求量并未上涨。

此外，还存在着因为行情不好，农产品价格持续低迷，无法销售，最终只能烂掉或倒掉的情况。

实际上，农产品获得成功的关键因素在于其必须拥有自己独特的价值，即能提供其他农产品不能提供的价值，包括物质价值和精神价值。农产品经营者要让消费者形成固定的认知，让其有类似的价值需求时，能立即联想到自己的农产品。只有这样，农产品才能从同质化市场中有立足之地。

13.1.2　缺少品牌，难以卖出高价

优质不优价是农产品销售过程中的突出问题。许多农产品虽然品质极佳，但是由于缺乏好的品牌，在其大量应季集中上市后，很容易陷入同质化陷阱，难以卖出好价。这种优质却无法优价的情况，在生鲜领域，比如，蔬菜、水果这类难以储存的农产品品类中更为明显。

品牌到底对农产品的意义有多大呢？以河北省的富岗苹果为例，该品种的

苹果酸甜适口、富含大量营养价值，现如今定位为高端苹果，售价昂贵。但富岗苹果也有一段低价历史。由于种植与管理技术不过关，最初的富岗苹果是"一咬一层皮"的苹果，不仅味道不好，外形也不太美观，导致销售价格很低。经过中国农业大学、河北农业大学的专家教授指导，从日本引进了适合富岗种植的红富士苹果，开始了有规划、有目的栽培，并在此基础上从中选出本地优良芽变，从而形成了独特的"富岗"苹果。

一次偶然的机会，富岗村的村支书杨双牛来到北京，意外发现来自海外的富士苹果"世纪 1 号"与富岗苹果非常相似。在经过购买并品尝后，杨双牛发现，二者不论是外观还是味道几乎一模一样。但这个"世纪 1 号"苹果，仅一个便要 100 元，是富岗苹果的 100 倍。

后来，杨双牛为了拓宽富岗苹果的销路，提高富岗苹果的价格，根据岗底村的实际，决定实施"128 道标准化生产工序"，同时严格控制挖掘定植坑、修剪枝叶、疏花、疏果、采摘、贮藏、销售等多个环节，让这些环节紧密相连。

这样生产出来的富岗苹果易贮耐藏、果形端正、被誉为"中华名果"。而且，富岗人还为富岗苹果注册了"富岗"商标，建立了食品安全追溯体系。此举让原来低价的富岗苹果凭借完善的工序和形象良好的品牌成了抢手货，售价进一步提高，受到人们的欢迎。

上述案例便展示了品牌的力量。质量同样出色的苹果，当其被打造成了高端品牌，便能既优质又优价。那么，农产品经营者该如何打造农产品的品牌呢？下面两点建议可供参考。

1. 品牌命名

部分农产品经营者认为农产品品牌的名称不重要，只要农产品质量好，自然不愁消费者上门。实际上并非如此。农产品品牌名是最简单的农产品广告语，消费者会根据品牌名称对农产品形成第一印象。

比如，某种大米开始命名为"好大米"，这就是一种模糊的、没有吸引力的品牌名。怎么好、好在哪，这些信息都没有展示给消费者，无法打动消费者，消费者自然不会选择购买。后该大米追溯此米历史，发现其曾被当作进贡物品，遂改名为"贡米"。这个名字直接明确了其高端定位，体现出自己与竞争对手的不同。并且由于是曾经的进贡物品，定位高端消费人群，其价格也随之提高。这就是品牌命名的重要性。

2. 品牌调研

品牌调研是农产品经营者在发展品牌时不可忽视的步骤。它包括五个环节。

（1）确定目的。在展开品牌调研之前，农产品经营者首先要明确品牌调研的目的，包括增加农产品销量、了解竞品等。

（2）搜集资料。在互联网时代，农产品经营者要学会尊重数据、解读行业报告，充分发挥数据对品牌调研的作用。搜索平台可以使用百度、谷歌、微博、知乎等常见搜索平台。

（3）受众分析。明确产品的受众人群是销售农产品的前提。

（4）品牌策略分析。农产品的品牌传播也要有一定策略，一般按照"创造需求""创造体验""培养情感"这几个维度来进行。

（5）策划数据分析。农产品的品牌调研要建立在科学的基础上。无论是调研期间的监测还是调研后的复盘，数据都很重要，因为它能客观反映一些信息，所以农产品经营者在进行品牌调研时一定要注重数据的作用。

13.1.3 物流技术落后，运输损耗大

现在很多农产品含水量高、保鲜期短，非常容易变质，从而对运输半径和交易时间提出了比较高的要求。因此，要想让农产品保鲜，更受消费者的青睐，企业就必须不断升级物流技术，进一步提升运输效率，加速农产品流通。

前瞻物流产业研究院提供的数据显示，在我国，农产品在采摘、运输、储存等物流环节上的损耗率在 30%左右，而一些发达国家的损耗率则控制在 5%以下。这样的数据对比更坚定了我国要改善物流现状，避免农产品出现更大损耗的决心。

由于农产品的特点及其对物流的高要求，企业必须借助人工智能、物联网、5G、无人驾驶等技术对农产品的整个流通过程进行全方位监测与跟踪，以降低农产品损耗，确保物流体系的高精益性和高敏捷性。此外，企业还要不断升级冷藏设备，优化运输路线，通过先进的保鲜技术，以最短的时间将农产品送到消费者手中。

13.2　用品牌打败竞争者

一位农民曾经自豪地说过："几年前，孟津梨仅卖 1 元/公斤，通过商标注册、地理标志认证、精品包装，现在它的价格水涨船高，我真正尝到了打造品牌的'甜头'。"实际上，这份喜悦的背后隐藏着农产品品牌价值的提升。在技术的助力下，农业领域发生了很多变化，但始终没变的是品牌的重要性。对于广大农民来说，为自己的农产品打造品牌似乎已经成了一项必不可少的工作。这项工作可以帮助他们从众多竞争者中脱颖而出，实现更好的发展。

13.2.1　精品化：绿色、有机新概念

若要在同质化的农产品市场中立足，农产品经营者可以尝试将农产品精品化。

精品化的第一步是确保农产品足够优质。在实际生活中，消费者常愿意为高档农产品品牌付出高价。究其原因是，消费者认可高档农产品品牌的产品品质。高档农产品往往具有安全、美味、优质的特点。这也是打造高档农产品品牌的前提。

精品化的第二步是将农产品进行品类细分，即将产品所在的大品类细分成许多小品类，然后根据其中一个小品类精研产品，从而与其他产品拉开差距。例如，鸡蛋的营养价值是提供蛋白质，市面上所有的鸡蛋都拥有这个功能。为了形成区分，各商家开始赋予鸡蛋不同的定位，比如，无菌鸡蛋、粗粮鸡蛋、柴鸡蛋等。

之所以要进行品类细分，是因为每个消费者的具体需求都是有所不同的。例如，两个人都要喝牛奶，但 A 是女孩子，害怕牛奶的脂肪会让她发胖，此时脱脂奶就是其最佳选择；B 爱好健身，希望通过喝牛奶补充蛋白质，因此高蛋白牛奶就是其最佳选择。每种细分的品类都能够打动一部分消费者，让其在众多产品中优先选择经过细分的、符合其需求的产品。

精品化的第三步是设计包装。有时候相同的产品，仅换一个包装就能让其在同类产品中脱颖而出。很多农产品在销售时直接采用塑料袋，随手一包装便草草出售，给人一种随意的感觉。而精包装的农产品能给予消费者一种"仪式感"，如图 13-1 所示。

图 13-1　精包装的蜂蜜

精品化的第四步是寻找合适的销售渠道。不同价位的商品对应不同档次的销售地点，精包装的贵重产品出现在路边小摊，是难以被消费者认可的。因此，农产品经营者必须根据农产品的品牌档次定位，去联系合适的销售地点。

只有严格把控每一个精品化的环节，才能在同质化的市场中打造出一个精品化的农产品品牌，为农产品销售事业带来生机，为乡村带来更多收益。

13.2.2　特色化：放大地区优势

特仑苏诞生的时候，国内牛奶市场的竞争正处于激烈阶段。各种脱脂奶、高钙奶几乎占据了市场的大部分份额，营销手段也是花样百出。为什么特仑苏能在如此激烈的市场竞争中分得一杯羹呢？原因之一是其宣传语带给了消费者与众不同的牛奶消费场景。

特仑苏的宣传语是："不是所有牛奶都叫特仑苏。"其最独特的地方在于，它的专属牧场坐落于"黄金奶源"纬度带上。北纬 40 度地带由于常年温暖、气候舒适，被公认为"黄金奶源"纬度带，该区域长有世界上最优质的牧草。牧草的品质又决定了奶牛的牛奶质量。特仑苏将这一得天独厚的优势放大，作为自己的宣传素材，成功地打入高端牛奶市场。

这种放大地区优势、塑造产品特色的做法就是所谓的品牌"卖点"。一个卖点必须具备三个突出特征：

（1）卖点不是自己强调的，而是通过强调农产品的效用让消费者自己意识到的。特仑苏通过向消费者强调"不是所有牛奶都叫特仑苏"这个信息，让消费者意识到了"优质""高端"是特仑苏的卖点。

（2）卖点必须是竞争对手还没有提出或者根本无法提出的。"黄金奶源"纬度带这一卖点，在当时的牛奶市场上是由特仑苏首先提出来的，并且通过简洁、深刻的广告语让这一概念深入人心，令其他品牌很难模仿。

（3）卖点必须具有强大的销售力，能促使消费者快速采取行动。"不是所有牛奶都叫特仑苏"强化了消费者对产品的认知，即让他们形成高端牛奶就是特仑苏的印象，从而促使年轻人在挑选高端奶制品时主动选择特仑苏。

除此之外，宁夏的"塞外香富硒香米"也是营销成功的优秀案例。宁夏地区有着独特的富硒土壤，该土壤的碘含量超出国家富硒稻谷界定标准数倍。因此，该农产品放大了其地区优势，以此作为产品卖点，成功打造了一款畅销农产品。

如果农产品经营者感觉自己的产品销量不佳，同时又很难改进，可以思考是否能利用地区优势及时打造产品品牌卖点，提升农产品的销量，帮助农产品在市场竞争中脱颖而出。

13.2.3　文化价值：与传统文化相结合

面对农产品的同质化，农产品经营者可以通过赋予农产品文化价值，提升农产品的认知度，以此获得消费者的认可。提高农产品认知度的关键是保证农产品与相关服务具有正面积极的价值，并且农产品经营者要利用一定方法向用户强化这种价值。

下面结合广西柳州鱼峰区的案例来具体看一下。

我国拥有五千年的浩瀚历史文化，其中很多内容都与农业方面联系密切。比如，传统的二十四节气，如图 13-2 所示。

图 13-2　我国传统二十四节气

每一个传统节气都有其独特的内涵，柳州市鱼峰区便将农产品售卖与这一传统文化结合起来，既推动了文旅复苏，又带动了农产品的销售。

鱼峰区包含里雍镇与白沙镇。两镇坐落于柳江的东部，沿河两岸土壤肥沃，盛产豆角、竹笋和木耳等农产品。该区推出了"中国传统二十四节气美食系列文化活动"，将乡村振兴与传统节气文化相结合。

每年 6 月的第二个星期六是这儿的文化和自然遗产日。在这一天，该区举行"传统节气美食文化之寻味芒种活动"。游客可在美景中品尝当地的里雍头菜、酸豆角、糯玉米等特色小吃，参加包粽子比赛，还可以观看石灰糕、里雍头菜、五色饭等 12 项列入该区非物质文化遗产名录的传统小吃制作技艺。

鱼峰区将美食与美景结合，把本土特产融入传统文化，一举吸引了上万游客入园参加活动。此举拓宽了农产品的销售渠道，提高了旅游商品和农产品的销量，成功提高了当地人民的收入。

将农产品与传统文化相结合，能赋予农产品文化价值，而文化价值能够唤起消费者的情感共鸣，进一步提高消费者对农产品的认知度。

鱼峰区将乡村振兴与传统节气文化相结合，消费者在购买产品时便会不自觉地存在情感倾向性，发自内心觉得其参与了传承传统文化的过程。因而，在农产品相差不大的情况下，鱼峰区出品的文化品牌农产品能让消费者更有共鸣，自然会成为消费者的最优选择。

13.2.4　三只松鼠："枣夹核桃"的爆红之路

三只松鼠（一个知名零食品牌）旗下有一款名为"枣夹核桃"的产品，一经上市就迅速爆红。许多商家对此都羡慕又不解，核桃和红枣都是再普通不过的农产品，为何一经组合就能如此爆红？下面来具体看一下这款小食品爆红的原因。

1. 拥有准确的细分市场及定位

品类细分定位指的是将品牌所在的大品类细分成许多小品类，然后根据其中一个小品类研发产品，形成差别优势。在激烈的市场竞争下，细分市场的精细化程度在某种意义上能够决定品牌运营的成功与否。

而三只松鼠就拥有准确的细分市场和定位，"枣夹核桃"顾名思义，就是将红枣和核桃组合在一起售卖；其定位的人群是全年龄段的受众，因为核桃与红枣这两款农产品对任何年龄段的人来说都是有益的。由于细分市场和定位准确，该产品一经推出就备受大众喜爱。

2．满足不同消费者的个性需求

"枣夹核桃"产品爆红的另一个原因，是因为它能够满足不同消费者的特定需求。

消费者购买某款产品的重要原因之一，就是此产品能够满足特定的需求。例如，富有的消费者通过购买溢价严重的奢侈品，向他人展示自己富有的形象；生病的消费者通过购买保健品，增强自己的体质等。

红枣有滋补养颜的功效，满足了女性用户在美容方面的需求；核桃具有补脑、益脑的功效，满足了青少年、上班族群体在保健方面的需求等。所以，这款产品才能够在各种消费者群体中爆红。

3．方便简约是产品畅销的关键

大道至简的道理同样适用于农产品。携带是否方便、食用是否便捷等也是决定一款产品能否畅销的关键因素。

而三只松鼠"枣夹核桃"满足简约的要求，它解决了核桃和大枣滞销的部分痛点。在一般情况下，消费者购买了核桃后，需要经过困难的去皮过程，且难以剥出完整的核桃仁；而购买了红枣后，需要清洗、去核才能食用。这种过程降低了消费者的消费体验，也是消费者不愿意购买的原因。

"枣夹核桃"帮助消费者解决了红枣与核桃食用麻烦的问题，改善了其消费体验，因此可以爆红。

4．将农产品升级为时尚零食

农产品的消费场景长期与一日三餐挂钩，这使其附加值非常低。

而三只松鼠"枣夹核桃"产品深度挖掘农产品的娱乐、休闲消费场景，丰富了核桃与红枣两款农产品的内涵，将其变为时尚零食，用品牌提高了其附加值。

此外，"枣夹核桃"产品在没有破坏产品基础的前提下对产品本身进行了提升。这种升级方式节约了加工成本，且天然农产品本身对消费者就有吸引力，因此能够爆红。

总结一下就是，三只松鼠"枣夹核桃"爆红的最本质原因是其以消费者为中心，解决了消费者痛点。因为痛点代表着有待解决的问题，而问题背后就是发展机会。这种思路值得各位致力于乡村振兴的相关人士借鉴。

13.3　跨界玩出新花样

随着农业的不断发展，共享农业、体验农业、创意农业等新型业态开始涌现，这也促进了文化、教育、旅游、美妆等产业与农业的跨界融合。跨界融合可以让农业展现出一番新景象，也可以让企业开展多样的营销活动，从而获得更好的发展。

13.3.1　花田里如何开出"三产融合"之花

成功打造品牌并不是营销的终点，想要真正做到乡村振兴，还需要持续强化品牌影响力，提升品牌形象，让品牌为乡村进一步发展带来更多的价值。而跨界发展无疑是一种强化品牌的好手段。

下面结合乡村 A 的案例来看一下具体做法。乡村 A 曾经是典型的贫困村，村集体负债累累。后在当地政府的带领下，由主要种粮改为种植玫瑰花，村民们依靠卖玫瑰花改善了当地的经济状况，并将玫瑰花打造成了当地特色品牌。

但是，卖玫瑰花的收入始终有限，为了贯彻乡村振兴的目标，当地又沿着以下思路，走上了农产品跨界创收的道路。

1．调研

调研工作的质量是农产品品牌能否顺利发展的前提。农产品经营者需要对乡村现状和市场现状进行分析，根据调研结果规划农产品品牌的发展路径。该村对玫瑰花市场进行调研，分析了玫瑰花的市场价值，根据调研数据确定了玫瑰花待开发的用途，为打造"三产融合"项目奠定了良好基础。

2. 深度挖掘农产品的潜力

乡村在挖掘农产品潜力时，要从农产品自身入手。通过对农产品自身的深度分析找到其优势。该乡村种植的玫瑰花是食用级别的品种，以往该乡村只将其作为原料出售，利润很低。该乡村从这个角度入手，与第三产业融合，打造了可观赏、可采摘的玫瑰园，提高了玫瑰的附加价值。

此外，该乡村还不断延伸玫瑰深加工项目，游客可以观赏玫瑰果酱、玫瑰纯露等商品的制作过程，同时可以在观赏结束后直接购买。通过深挖农产品潜力，该乡村成功打造了一个集种植、加工、直销、旅游为一体的"三产融合"项目，为当地带来了巨大的收益。

3. 创新

因为市场上的竞争是一直存在的，农产品经营者要想在越来越激烈的市场竞争中始终立足，就要依靠创新的力量，用创新缔造出农产品品牌的市场优势。

该乡村为了加快"三产融合"项目的发展，以农耕文化为特色建设了民宿。在民宿北侧，该乡村种植了鸢尾、乔木等植物，打造了独特的"春花、夏林、秋果、冬叶"四季景观，吸引了大批慕名而来的游客。

此番操作使该村玫瑰花的品牌价值得到迅速提升。其丰富了主品牌内涵，给消费者带来了新鲜感，让消费者感知到品牌的创新精神。品牌与农产品的多元化也为消费者提供了更多选择，满足了消费者的多样化需求。

乡村在进行跨界创收时，可以借鉴上述案例中乡村 A 的做法，挖掘农产品的价值并对其进行深加工，用单一农产品去创造多元价值。

13.3.2　水果+美妆：美妆圈迎来"有机"时代

如今，跨界营销已经成为一个大趋势，在这种大趋势下，各行各业都不再像以前那样只知道"闭门造车"，而是希望通过与合伙人达成合作来抓住分流的消费者。那么，什么样的合伙人适合进行合作呢？最关键的就是双方要有契合点和互补点。

下面用红唇之吻牌樱桃和彩妆品牌玛丽黛佳的案例来具体看一下。红唇之吻牌樱桃和彩妆品牌玛丽黛佳携手，共同开启了一次主题为"红唇之吻，小心亲咬"的跨界营销。此次跨界营销让红唇之吻牌樱桃和玛丽黛佳在激烈的市场竞争中实现了共赢。

从农产品自身来看，红唇之吻牌樱桃色泽鲜红，味道香甜，能够使人联想到女人的红唇，进而联想到口红。二者在目标受众上也有很高的契合度，都将年轻人视为主要客户群体，符合前面提到的"有契合点"这一关键之处。

从销售渠道来看，红唇之吻牌樱桃的主要销售渠道是线下，而玛丽黛佳则长期致力于线上销售，线上渠道比较强大。二者达成跨界合作，就是实现了线上与线下渠道的融合，不仅可以提升消费者的消费体验，还可以起到互补共赢的作用。

有了上述基础，此次跨界营销成功引发了一波购买狂潮，让美妆圈迎来了"有机"时代。通过这个案例，农产品经营者可以总结出以下几点启示。

（1）农产品品牌在跨界之前，应该从"色、香、味、形、触"五个层面出发，深度探究自身的出彩之处，赋予农产品性格特征，令消费者产生情感共鸣和价值认同感。

（2）农产品若想领先行业，无外乎有两种方式：一是抓住自身优势不断放大，拉开自己与竞争对手的差异；二是找到有契合点和互补点的合伙人，与其进行合作，实现跨界营销。

（3）跨界营销应充分满足消费者差异化、细分化的需求。

第14章

农业电商：缩短从农产品到消费者的路径

电子商务（简称电商）与农业的融合极大地加快了农业的转型步伐，也改变了传统农业的发展方式。在我国，便捷的电商平台和新颖的购买方式，再加上物流体系越来越畅通，已经为农业电商的发展奠定了坚实基础。农业电商缩短了从农产品到消费者的路径，促进了农业的技术创新与升级，激活了农村地区的发展动力，很大程度地降低了农产品滞销风险。

14.1 农业电商的四种类型

自从"互联网+"概念迅猛发展以来，农民如果不做一些与电商有关的事情，几乎相当于放弃了盈利机会。既然农业与电商有天然的契合度，那么农民应该如何入局农业电商呢？首先需要了解农业电商的四种类型，包括农产品电商、农资电商、工业品下行电商、生活服务电商等。

14.1.1 农产品电商

农产品电商的核心是在开放的网络环境下，买卖双方在线上进行农产品交易，属于一种全新的商业模式。互联网在农民和消费者之间架起一座"桥梁"，这是农产品流通领域的重大变革，这个变革有利于把各地区的农产品推广到千家万户。

目前，我国的农产品电商主要包括网上期货交易、网上期权交易、大宗农产品电子交易、农产品网络零售、农产品"新零售"、农产品网上交易会。这也是我们经常说的农产品电商"金字塔"（Pyramids）结构体系，如图 14-1 所示。

图 14-1　农产品电商"金字塔"结构体系

农产品电商扩展了农产品销售渠道，通过互联网、人工智能、大数据等技术引导和组织农业生产，有利于提高我国农业竞争力，让农民获得更丰厚的收益，实现城乡均衡发展。

现在，越来越多有朝气的青年人才加入农产品电商队伍。例如，1992 年出生的王雄通过在网上销售人参果获得了上亿元销售额；"90 后"谭宇翔仅用半年的时间便卖出 90 万单湘莲，总销售额也达到了上亿元。这些人才用自己的青春和智慧推动了乡村振兴，收获了令人欣喜的成果，为实现农业现代化付出了很多努力。

14.1.2　农资电商

以前，交通、物流没有那么发达，农业又根植于我国广大农村，导致农资流通渠道不通畅。现在，随着技术的不断发展，这种问题已经可以避免。互联网是一种更快捷、高效的信息传递技术，打破了时间与空间的限制，起到了连接人和人、物和物、人和物的作用。

当互联网与农资流通融合在一起时，全新的农资电商就出现了。农资电商可以消除农资流通过程中的多余环节，缩短交易链，降低交易成本，最终让买卖双方都能获得更多利益。

对于农资电商来说，取得买卖双方的信任非常重要。这个信任来源于什么？必然是高质量的产品和贴心的服务。此外，农资电商还要为买卖双方提供价值，始终秉承"造富于民，还富于民"的原则。这样才可以建立良好的口碑，形成传播效应，慢慢地变为一个受欢迎的品牌。总之，农资电商要以产品与服务为核心，了解了这一点就可以赢得农业市场。

14.1.3　工业品下行电商

在农村发展电商主要有两种形式：一是通过电商平台将城市中的工业品销往农村，即工业品下行电商；二是让农产品和农副产品走出农村，即农产品上行电商。目前，工业品下行电商发展得比较好。例如，广西兴业县电子商务产业园利用电商平台，通过自建或第三方物流搭建三级服务站点，如图 14-2 所示，让工业品下行取得了不错的成效。

三级服务站点让工业品下行过程中的"最后一公里"问题得到有效解决，城市中的工业品可以顺利、高效地销往兴业县各个乡村。三级服务站点得到了政府的认可和支持，甚至已经成为兴业县的一个公共品牌，推动了该县农业电商的稳定发展。

图 14-2　兴业县的三级服务站点

14.1.4　生活服务电商

从微观角度看，生活服务电商主要是指基于互联网为人们的生活消费提供服务的电商，可以分为到店服务（到店餐饮、酒店、影院等）与到家服务（外卖、家政等）。从宏观角度看，生活服务电商还与旅游、出行、医疗、教育、婚恋、房产、招聘等生活服务行业的互联网化息息相关。滴滴出行、同程艺龙、齐家网、猫眼娱乐是生活服务电商的"领军者"。

现在人们对生活质量的要求越来越高，虚拟产品的线上交易受到欢迎，消费领域也进一步拓宽。在这种情况下，生活服务电商的潜力逐渐显现出来，可以帮助生活服务经营者更近距离地接触消费者。此外，生活服务经营者也可以借助电商平台实现业务流程改造，为消费者提供更优质、贴心的生活服务，提升自己的盈利能力。

生活服务电商发展以来，北京市便重金扶持该产业。例如，2020 年 3 月，北京市发布《关于申报 2020 年度生活性服务业发展项目的通知》，明确表示要给予符合要求的相关从业企业不同金额的补助金。北京市借助政策推动生活服务电商稳定经营，提升自己的商业水平，加强生活必需品保障能力，满足人们个性化的生活服务需求。

14.2　零基础做好农业电商

对于农民来说，了解农业电商的类型远远不够，更重要的是掌握做好农业电商的技巧。首先，我们要选择一个合适的平台进行注册认证；其次，我们要重视日常运营，制订完善的引流计划；最后，我们要优化产品包装，让产品卖出高价格。

14.2.1　注册认证：选择合适的平台

选择合适的线上平台是入行农村电商的第一步。通过网络，消费者足不出户便可以了解农产品的相关信息并进行购买。与线下销售农产品相比，通过电商渠道销售农产品的优势主要表现在以下三个方面。

1．节约成本

将销售农产品的工作内容搬到线上，再进行网络化的管理、推广和销售，能够节省人力销售的成本，也拓宽了农产品销售的渠道，提高了农产品销售的效率。

2．打破时间与空间的限制

通过电商渠道销售农产品能够打破交易的时间限制，网店可以做到 24 小时营业。对于不易保存的农产品来说，这无疑为其争取了更多销售机会，并且更容易吸引到白天没有时间购买农产品的消费者。

此外，通过电商渠道销售农产品也打破了交易的空间限制。实体售卖农产品时，客源范围是有限的，而网店的交易空间却很广。

3．更容易激励消费者购买

相比实体店铺而言，网店的广告更具有冲击力。而且通过电商渠道销售农产品时，农产品经营者还可以利用一些策略，比如，显示倒计时或者显示产品剩余数量等，激励消费者购买农产品。

4．快速扩大业务规模

当网店的发展势头良好，农产品经营者想扩大业务规模时，其产品投入、广告投入的速度都要比实体店铺快得多。因为农产品经营者不必扩建或者另寻实体店铺，也不必再次进行装修，只需要在网店推出新的农产品，并加大宣传力度即可。

5．营销方式多样

互联网的发展使得电商的营销方式不断增加，短视频推广、微信推广、微博推广、自媒体推广等新兴推广方式拓宽了消费者接收信息的渠道，也变革了消费者的消费模式。

讲完了通过电商渠道销售农产品，接下来介绍线上销售平台的种类。

首先来看综合类销售平台。这类平台的突出特点为客源多、覆盖种类全面。知名的综合类销售平台有淘宝、天猫和京东等。下面来看这三个综合类的销售平台的对比情况，见表 14-1。

表 14-1　综合类销售平台的对比情况

	淘　宝	京　东	天　猫
优点	1．品牌实力强，流量大 2．入门门槛低 3．财力雄厚，技术与基础建设完善	1．自营商品有厂商返利 2．可以通过货款账期获利 3．供货商可议价	1．规模大 2．商品种类多 3．流量大 4．知名度高 5．有阿里巴巴各方面的支持
缺点	1．存在刷单类负面评价 2．卖家数量众多，竞争激烈 3．推广成本和运营成本相对较高 4．缺少透明的评价体系，售后服务得不到彻底保障	1．商品种类不够多 2．入驻商家数量低于天猫 3．毛利率较低 4．没有其他领域业务支持	1．准入门槛高 2．推广成本高 3．平台有扣点

其次来看直播类销售平台。直播是电商平台的重要引流手段。各行各业与

其结合而成的"直播+"模式，是一种重要的商业模式。比较热门的直播类销售平台有淘宝直播、抖音直播等。下面来看这两个直播类的销售平台的对比情况，见表 14-2。

表 14-2　直播类销售平台的对比情况

	淘 宝 直 播	抖 音 直 播
优点	1. 购买转化率高 2. 平台自身流量大，利润空间大 3. 有其他平台支撑，相对配套建设完善	1. 平台流量大，受众广 2. 网红达人带货能力强 3. 只需要支付广告费用
缺点	1. 聘请主播成本高 2. 付费引流费用多 3. 有准入门槛	1. 准入门槛高，暂开放达人邀请制 2. 起步难 3. 平台运营能力弱

最后看社交类电商平台。社交类电商平台迎合当下的分享经济趋势，消费者通过发起"拼团""帮砍"这类的活动，能享有高额优惠，以低价买到好货。比较热门的社交类电商平台有拼多多、小红书等。下面来看这两个社交类的销售平台的对比情况，见表 14-3。

表 14-3　社交类销售平台的对比情况

	拼 多 多	小 红 书
优点	1. 团购价格低 2. 产品供应商有保障 3. 平台能够自动帮助消费者筛选产品 4. 活动火爆，价格优势明显	1. 主打通过用户分享商品体验，口碑好 2. 无营销、流量和资源位等费用 3. 入驻品牌与明星数量多，平台流量大
缺点	1. 有负面新闻，影响口碑 2. 开店需要 2000 元保证金 3. 处罚规则严苛	1. 准入门槛高，非企业不能入驻 2. 对商品的质量审核较严

农产品经营者可以根据各平台的优缺点，结合自身情况来选择合适的电商平台。这个选择过程是灵活的，农产品经营者可组合选择。

14.2.2　日常运营：六步引流计划

运营是能否做好农村电商工作的关键。因为运营环节是农村电商运作流程的"大脑"。它负责将农产品、销售渠道、宣传途径等内部资源由上到下地进行整合，之后计划、组织并跟进相关运营事务，进而把握全局，综合统筹，引导农村电商工作方向。

运营环节的工作涉及很多方面，不仅需要对农产品和网店进行合理安排，还要与其他环节配合，确保电商工作的顺利运行。一般来说，农村电商运营环节的工作主要包括以下几项，如图 14-3 所示。

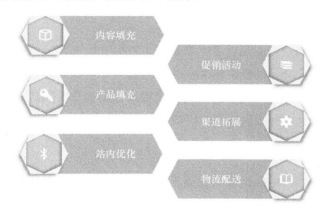

图 14-3　农村电商运营环节的工作

电商运营的本质是为了吸引客户，增加客户流量。对农村电商行业来说，有了流量也就有了用户，有了用户也就有了消费者，也就能够实现盈利的目的。每个运营环节都具备引流功能，下面具体来看一下。

1．内容填充引流

在该环节，农村电商运营者需要负责农村电商团队官网的内容建设、组织和运营，以及制订运营制度与流程，设计年、月、季的战略目标与执行方案。

在此环节要想达到引流目的，农村电商运营者需要充分了解自身电商团队掌握的资源，与团队整体配合，根据当地实际情况策划商讨短期与长期的引流方案。

2．产品填充引流

在该环节，农村电商运营者需要做到：提出产品的更新计划，对市场调研、农产品上线、尾货及季末销售等环节制订详细的计划并实施；对农产品上架的计划、图片拍摄等细节要做好规划；对农产品销售情况进行预估，据此制订可控的库存管理方案。

在此环节要想达到引流目的，农村电商运营者可以对网店的客户进行分类管理，形成包括会员积分、会员等级、会员维护、会员卡服务等为一体的会员体系，并定期举行线上会员活动等。

3．站内优化引流

在该环节，农村电商运营者需要使用可以提升线上客户体验的新技术，不断优化网店页面及交互功能，定期优化官网效果，以提高客户的使用体验。客户的使用体验越好，电商团队的口碑就会增加。当客户对团队有足够高的好感度时，便会自发为电商团队宣传，引流的目的也就达到了。

4．促销活动引流

在该环节，农村电商运营者需要组织各种促销活动来增加销售量，比如，满50元送切块鲜果、购买会员卡送应季水果等。

在此环节要想达到引流目的，农村电商运营者可以关注线上平台各大购物节并与之配合，开展促销活动；还需要关注市场和行业动向，收集有关信息，分析竞争对手的促销活动，并结合自身优势提供有效的应对方案。

5．渠道拓展引流

在该环节，农村电商运营者需要积极开展与其他线上、线下平台的合作。通过分销、联营、线上线下联动等方式来达到引流的目的。例如，若某地区盛产药材，就可以同与药材有关的人气电视剧联名，植入广告。

6．物流配送引流

在该环节，农村电商运营者需要与不同的物流公司洽谈以确定合作的物流公司，以掌握高效的物流配送体系为自己服务。

在此环节要想达到引流目的，农村电商运营者可以从订单受理、财务确认、库房打包、配送发货、物流跟踪、客户验收、客户回访等环节与各相关小组紧密协作，结合客户的反馈信息不断优化订购处理流程，注重客户的购买体验，对此过程中出现的问题进行优化。当客户对服务满意后，就有极大可能成为回头客，引流的目的也就达到了。

运营工作的重点就是把握全局，综合统筹，以敏锐的目光分析市场及农村电商团队的发展，并以此为基础制订合理的制度及发展规划。在此过程中，农村电商运营者需要注重团队之间的配合，还要定期进行各种工作的汇总及进行市场调研，为农村电商团队的下一步发展奠定坚实的基础。

14.2.3　农产品包装：精包装才能卖出高价格

所谓"人靠衣服马靠鞍"，农产品也需要一件可以吸引消费者的"衣服"。不难想象，当消费者在电商平台上看到农产品有非常精美的包装后，肯定会情不自禁地对其产生好感。那么，什么样的包装对于农产品来说才是合格的呢？我们可以通过以下几个方面进行判断。

（1）一个好的包装必须能够激起消费者的消费欲望，促进消费行为的形成。消费者对不同类别的农产品通常有不同的诉求，这一点应该体现在包装上。例如，高档农产品的包装就应该区别于低档农产品，这样可以有效提升购买率和复购率。

（2）注重包装的颜色，一般高纯度颜色的包装更容易对消费者产生吸引力。此外，鲜艳明快的颜色比冰冷灰暗的颜色更受消费者喜爱。最后需要注意的是，包装的颜色种类一定不能过多，最常见的就是两种颜色相匹配。

（3）包装上要有合适的图案，以便让农产品更形象、生动、有趣。例如，茶叶是一种民族性极强的农产品，如果为它的包装设计图案，那就可以选择一些类似于中国画、装饰纹样、吉祥话语、民间剪纸、少数民族图腾等具有民族文化气息的传统图案。这样的图案可以充分表现茶叶的传统性。

（4）包装的载体和工艺需要创新。在载体方面，我们应该多关注更符合环保理念的绿色、无污染包装；在工艺方面，我们需要对包装的造型进行适当调整，比如，把适合儿童食用的无公害蔬菜的包装设计得更卡通化、形象化。

包装的重要性已经不言而喻，不过，即使将包装设计得足够精美，如果农产品的质量没有保证，那么依然逃不过"金玉其外，败絮其中"的宿命。如今，越来越多的企业希望可以在最短的时间内获得最丰厚的利益，但违背规律，依靠虚假包装吸引消费者眼球的做法十分不可取，很可能会落得个"玩火自焚"的下场。

14.3 农业电商的成功模式

以前，农业以一种相对粗犷的方式发展，虽然对经济发展有贡献，但局限性也很明显。如今，农业通过与电商融合实现了转型升级，其信息化发展也上升到一个更高的水平。在农业电商方面，浙江遂昌、临安、海宁，以及河北清河为其他地区做出了好的榜样。

14.3.1 浙江遂昌模式：智慧供应链管理

为了顺应时代发展，浙江遂昌站在了"互联网+农村"和农业电商的高地上，与当地企业共同成立了网店协会，打造了一个集良好环境、美丽经济、特色文化于一体的生态圈。遂昌在政府的支持下组织农产品线上销售，创建智慧供应链管理体系，如图 14-4 所示。

从整体上看，遂昌的农业电商模式主要包括以下 4 个关键点：

（1）政府、网商、服务商、供应商共同参与农业电商发展，建立信息共享机制。

（2）组织电商公共服务培训，让大家学习先进的电商知识和电商理念。

（3）通过网店协会邀请专家为从业者提供商业策划、产品拍摄、品控包装、页面设计等服务，形成完善的农产品上行体系。

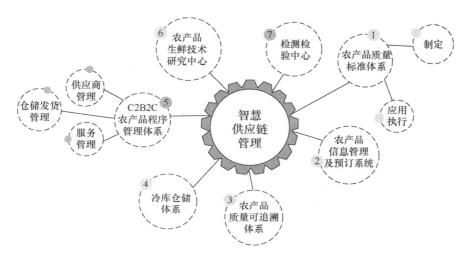

图 14-4　遂昌的智慧供应链管理体系

（4）通过网店协会建立便民服务体系，开设赶街服务站，解决农业电商中的支付、物流、售后等问题，形成完善的工业品下行体系。

我们可以从遂昌的农业电商模式中了解到，做农业电商不等于农民开网店，要坚持让专业的人做专业的事。也就是说，农民想要开好网店，就需要不断提升自己的能力，丰富自己的电商知识储备，更新自己的电商理念，同时还要积极与当地政府和各类组织达成合作。

14.3.2　浙江临安模式：线上线下齐头并进

浙江临安在坚果炒货等农产品方面很有优势（图 14-5 所示），该地区利用这个优势，再结合临近省会城市杭州的区位优势，大力推进县域电商发展。

临安有很多高品质农产品，这些农产品的产量很高，在电商平台的销售业绩也十分亮眼。为了充分利用和发扬自己在这方面的优势，临安积极促进城乡村企联动，坚持线上与线下相互配合，在线上借助电商平台销售坚果炒货，在线下建立"两镇一园多区"，即龙岗坚果乐园小镇、白牛电商小镇、临安电子商务产业园、多个电子商务集聚区。

临安山核桃
最大程度保留原滋原味

临安山核桃
口感细腻，松脆香酥

图 14-5　临安的高品质坚果山核桃

此外，临安不断完善区、镇、村三级电商公共服务配套体系，建立上百个电商服务站点。为了更好地推动农业电商发展，临安强化政策扶持，出台"1+3"扶持政策，将农业电商作为重点扶持项目，同时与高校、电商服务机构合作，培养了一批高素质电商人才。

14.3.3　河北清河模式：建设最具特色的商业群体

河北清河是我国非常重要的羊绒产业基地，该地区立足于羊绒产业实施品牌战略，不断推进基础设施建设，希望可以实现羊绒产业在农业电商领域的大爆发。在发展羊绒产业的过程中，清河注重羊绒质量监管和企业口碑建设，借助电商平台将自己转型为"淘宝村"。

清河的农业电商模式以羊绒产业为核心，目前已经涵盖羊绒、汽配、硬质合金等诸多领域。该地区在淘宝、京东等电商平台开设了上万家网店，拥有近6 万人的从业者，年销售额已经达到十亿元级别，而且还入选了"中国电子商务百佳县"。

清河在发展农业电商方面有自己的独特之处。例如，引进网货供应、物流快递、电商人才培训、研发设计、摄影、美工等方面的专业机构，保证从业者能够以最快的速度、最低的价格享受最优质的服务。此举有利于提高清河在农业电商领域的竞争力，形成城乡齐头并进、协调发展的格局，打造全国独具特色的"专业市场+农业电商"模式。

14.3.4　浙江海宁模式：以农业电商实现转型升级

海宁是我国非常著名，也很受欢迎的皮草城市，一直追随时代的步伐推动农业电商发展。目前该地区已经开设了上万家网店，新增超过 5 万个就业岗位，线上年销量突破百亿大关，被授予"浙江省首批电子商务示范市"和"浙江省电子商务创新样本"的称号。

在分析海宁的农业电商模式时，我们可以从"三个一""三个新""三个优"入手。

1. 立足"三个一"，有效促进农业电商发展

（1）绘制一张农业电商发展蓝图。海宁出台了《海宁市电子商务发展规划》《海宁市加快电子商务发展扶持办法》《海宁市加快电子商务发展实施意见》等一系列政策，投入大量资金为符合条件的电商企业提供补助或奖励，将自己打造为全国农业电商强市。

（2）培养一支电商人才队伍。海宁积极引导各类培训机构与电商企业合作，依托职业技术学校、大专院校建立电商人才培训基地，培养一批有实际操作能力的电商人才。此外，海宁还会不定期邀请专家、学者、电商精英为从业者授课，共同探讨农业电商发展的新趋势。

（3）搭建一批网上交易平台。海宁依托皮革、经编、家纺三大产业打造网上交易平台，开辟了线上线下联动的新模式，为推动特色农产品跨城销售创造有利条件。

2．着眼"三个新"，加快推动农业电商融合

（1）拓展农业电商应用新领域。海宁将农业电商拓展到外贸、科技服务、旅游服务、农副产品等领域，积极促进线下交易，助力各类企业稳定发展。

（2）开拓农业电商新阵地。海宁利用自己的生态资源搭建电商平台，开展"电子商务进万村工程"，对电商企业给予扶持，为农产品在线上销售创造良好的政策环境。

（3）营造农业电商发展新氛围。海宁组织开展各类活动，成立农业电商协会，丰富农业电商培训，举办农业电商大会，加强农业电商信息统计和采集，使农业电商氛围不断优化。

3．打造"三个优"，积极推进农业电商集聚

（1）建造优质的电商园区。海宁的电商园区以城市为中心，带动周边镇（街道）实现集聚发展，充分利用自己临近杭州的区位优势，助力电商企业合作。

（2）培育优秀的龙头企业。海宁支持实体企业积极"触网"，创建线上销售渠道，尽快向"品牌运营+线上销售+标准化生产基地"的精细化管理模式转型。

（3）构建优质的服务体系。海宁依托产业集聚优势，引入第三方服务平台和服务商，使农业电商服务体系得到完善，进一步提升了自己的农业电商服务水平。

海宁充分利用自己的优势，积极搭建农业电商体系，通过先进的技术和商业模式推广本土化农产品，宣传区域形象，有效促进了特色产业与网络经济的融合，使农业电商呈现良好的发展态势，为推动乡村振兴开展了有效实践。

第15章

农村新媒体：带货更带文化

近年来，随着技术的不断升级，新媒体在我国呈现出非常迅猛的发展态势，越来越多的人喜欢在手机、电脑、iPad 等电子设备上浏览新闻。抖音、快手、微博、微信等平台也以其传播速度快、信息容量大、地域覆盖广等特点，让人与人之间的沟通和交流变得更顺畅。

新媒体在我国被人们普遍地接受，已经在城市和农村中普及。在这种情况下，农村新媒体作为一个新的传播渠道，让农村的产品和文化可以流向更多地区。

15.1 定位："农"是关键

农村新媒体是展示农村风貌的一种新方式，现在越来越多的农民开始通过互联网平台为人们还原农村的真实模样。农村新媒体让城乡之间的联系变得更密切，很多新鲜事物出现在人们的生活中，也推动了城乡一体化进程。农村新媒体要发挥作用，一定要做好观众定位和垂直定位，牢牢抓住"农"这个关键。

15.1.1　观众定位：农村还是城市

新媒体平台为无数农村带来了商机，因此相互竞争也越来越激烈。农村新媒体若想在日趋激烈的竞争中分得一席之地，数量大与忠诚度高的观众是关键。

新媒体平台面向的主体是观众，农村新媒体要深挖观众需求并尽力在输出内容时满足观众的需求。那么如何能够找对观众并吸引他们呢？下面两点可供参考。

1．分析自身背景

自身背景主要包括所定位的农村地区的产业状况、农村的地域及资源优势、该农村地区的发展目标等。通过分析这些内容，农村新媒体可以清楚地了解到自身优势，判断自身能吸引到的观众类型。

2．分析观众

农村新媒体可以从目标观众、已有观众类型两个方面入手分析观众。

（1）目标观众。农村新媒体所发布的内容决定了观众的类型，所有对农村新媒体发布内容感兴趣的观众的都是目标观众。

（2）已有观众类型。农村新媒体要分析已有观众群体的类型，准确分析观众类型对农村新媒体维护观众和扩展观众规模都能起到重要作用。例如，同样是发布旅游内容的农村新媒体，其观众类型的不同决定了其发展路径的不同。

农村新媒体 A 的观众多为 18～22 岁的女生，这些女生向往该农村地区的花田，因此该农村新媒体平台中发布的内容以花田美景、鲜花美容为主；农村新媒体 B 的观众多为中老年群体，消费能力相对较高，因此该农村新媒体发布的内容多为度假村体验、高档旅游产品推荐等。

农村新媒体通过对自身背景和观众群体的分析，能够得出观众定位的方向。获得精准定位后，便可以通过此定位有针对性地吸引观众、维护已有观众群体，这些观众群体能够节约农村新媒体的维护成本，购买力也会强于零散的观众群体，为农村带来更多收益。

15.1.2 垂直定位：选取农村特色角度

新媒体渠道能够高效、快速地带动农村经济发展。但我国农村数量众多，无数人争先恐后地利用这一渠道，甚至出现市场饱和的情况。可打开任一平台搜索农村相关内容，都会发现其中掺杂着大量质量平平、毫无特色的作品，而能赢得流量与收益的，始终是那些有着精品内容的知名账号。

这些知名账号发布的内容存在一个共性，就是拥有清晰的定位。比如李子柒，她的定位就是展示农村生活，在她发布的内容里不可能存在咖啡品鉴、动漫赏析这类的视频。若出现以上内容，则会破坏她自身的定位，导致粉丝流失。

因此，在以新媒体带动农村发展之前，首先要做好定位。因为一旦有了准确的定位，就如同在茫茫大海上航行的帆船有了灯塔的指引，而且清晰的目标也是新媒体带动农村发展的动力。农村新媒体确定自身定位共分三步，其流程如图15-1所示。

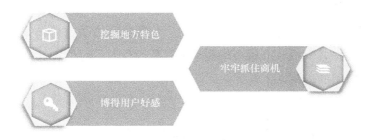

图 15-1　农村新媒体确定自身定位的流程

1. 挖掘地方特色

第一步是以内容为核心，充分挖掘地方特色，找到农村自身的特征，再将这些独具特征的内容通过新媒体平台传输，最终精准地传达给受众。比如某农村定位的是古镇生活，那么吸引来的就是好奇古镇人民如何生活的受众群体，发布的内容里就应尽量展示古镇人民的日常生活。

农村新媒体定位的精准性、垂直度越高，粉丝群众的精准度就越好，农村新媒体获得精准流量的速度就越快。

2．牢牢抓住商机

第二步是在农村新媒体定位做好的基础上，牢牢抓住商机。找到了农村的特色资源后，应对其价值进行深挖。比如，某地的特产 A 爆红网络后，大量粉丝都对特产 A 有了兴趣，那么，特产 A 就拥有了商机。农村要抓住商机，将其变为发展的机遇，如规模种植特产 A，开发特产 A 有关的商品，打造特产 A 种植旅游区等。当特产 A 形成一种完整产业后，其就能变成乡村振兴的动力，可以助力农村走上致富道路。

3．博得用户好感

第三步是博得用户好感。当用户对农村新媒体所发布的内容毫无兴趣时，此定位就是失败的。博得用户好感的方法是建立用户画像并投入使用。农村新媒体应分析并收集粉丝的综合信息，明确粉丝真正想要的是什么以及为何被吸引，进而针对性地发布或改进相关内容。

特色是风格，也是竞争力。农村新媒体想要以新媒体途径带动自身发展，就一定要拥有高亮度的特色和精准的定位。但挖掘地方的特色必须从全面的角度出发，既要探索商机，分析市场需求，又要确保其可行性，才能让农村特色助推其走上发展的道路。

15.2 内容：输出干货，体现农村新风貌

在走农村新媒体之路时，除了定位以外，内容输出也非常重要。相关部门可以充分利用新媒体组织乡风展示活动，为人们还原真实的农村生活，也可以开展专门针对农民的教育活动，对农民进行科学知识普及。这些活动对提升农村文明是有很大帮助的。相关部门要充分利用新媒体，但也不能忽视传统媒体，新旧媒体都应加大投入，打造媒体矩阵。

15.2.1 乡风展示：还原真实的农村生活

农村的内容输出是农村的价值所在，规划所输出内容是以新媒体带动农村发展的前提。农村在新媒体平台输出的内容一定是要有价值的，并且要让观众感受到农村的价值。农村的内容输出对于农村的发展十分重要，是决定农村发展速度的重要因素。

所以，在规划新媒体平台输出的内容之前，首先要明确输出的核心内容是什么，具体可以从以下几个方面入手，如图 15-2 所示。

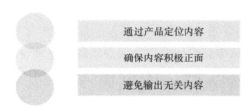

通过产品定位内容

确保内容积极正面

避免输出无关内容

图 15-2 如何把握农村新媒体输出的核心内容

1．通过产品定位内容

农村新媒体需要根据自己所推销的产品类型确定其在新媒体平台上输出的核心内容。例如，对于宣传旅游业的农村而言，其在新媒体平台上输出的核心内容必须围绕乡风、景区展开。农村新媒体的输出内容可以是景区人民的生活、景区美食、景区旅游产品测评和旅游体验分享等。比如，通过直播方式展示农村发展的情况，将具体的农业生产过程呈现给观众，让观众感受农业生产活动的趣味与特色，满足其对农村生活的好奇心。

农村新媒体输出内容的核心必须是恰当的。观众是农村新媒体所销售产品的受众，农村新媒体的输出内容要能够很好地切合观众的需求，吸引更多的观众关注农村。

2．确保内容积极正面

农村新媒体输出的内容必须是积极正面的，这样的内容更受观众的欢迎且能持续吸引观众。例如，某村主要推销纯天然食品，其输出的内容却以转基因食品的危害、农药的危害为主。这些消极的内容无法长期吸引观众，以及调动观众的积极性。

3．避免输出无关内容

若想以农村新媒体带动发展，该新媒体平台就要保证持续输出内容，不断地吸引观众关注农村。保证持续内容输出并不容易，但也要注意，不能为了保持持续输出就在新媒体平台上发布与定位产品无关的内容。

观众关注农村新媒体是因为对其平台上所销售的产品有需求，对与产品有关的知识感兴趣。对于观众而言，与产品、农村相关的内容才是有价值的。如果农村新媒体输出的内容与产品无关，就会使观众对该平台的价值产生怀疑，甚至出现脱粉的情况。

通过直播、短视频等新媒体渠道，观众能够知晓农业生产过程的艰辛，因而产生购买农产品的欲望。同时，网络平台使农产品的销售渠道得以拓宽，农村直播也让观众感受到各村落的魅力，旅游产业因而能够得到发展。此外，由于内容是连续输出且真实有效的，观众对农产品和农村的信任度也会提升，其消费时的安全感能够得到保障，消费力度也会上涨。

这就是新媒体平台带给农村的好处。因此，农村新媒体要以产品为中心规划好在新媒体平台上输出的内容，并把握好内容输出的方向，保证所输出的内容有价值，能够展现农村风貌，还原农村生活。只有这样，农村新媒体才能够通过其平台推动乡村振兴的进程。

15.2.2　知识传播：农业科学知识普及

现在是一个信息传播越来越"碎片化"的时代，书刊、广播、电视等传统媒体的信息传播效果不像短视频、直播等新媒体那么好。新媒体可以给人们带来极强的视觉感和沉浸感，而且还可以让农业科学知识简单、易懂。例如，农民只需要打开短视频观看几分钟，就能掌握一些农业科学知识，这样的"充电"方式不仅非常方便，还会让学习变得更生动、有趣。

随着网络覆盖农村，手机用户不断增加，城乡之间的联系更密切，新时代的农村建设从愿景走向现实。而且，在新媒体进一步发展的情况下，农业科学知识传播有了更多渠道，使得农民在短时间内获取专业的农业科学知识、提升自己的能力也成为可能。

在通过新媒体传播农业科学知识方面，山东省蒙阴县做得非常好。该地区以推动农产品高质量发展为宗旨，积极优化和整合各种农业资源，使农业科学知识在农村得到广泛传播。例如，该地区组织科技工作者、农业知识科普志愿者开展"智惠桃花源科技下乡"活动，将果树修枝、预防病虫害、土质养护、精准采摘等方面的农业科学知识传授给广大农民。

农村要发展新媒体，就要充分发挥新媒体的作用，使其成为政府和农民的有力助手。农村借助新媒体进行农业科学知识传播，可以提高农民的科学文化素养，让农民以更好的姿态、更自信的精神进行农业生产，从而实现科学普及与乡村振兴共同发展。

15.2.3　你农我农传媒："新媒体+三农"让家乡大放异彩

近几年，新媒体行业十分火爆，为我国经济发展做出了很大贡献。很多人看到了这个行业的广阔前景，纷纷创立了新媒体企业。在众多新媒体企业中，你农我农传媒比较特别，其创始人坚定地选择了在自己的家乡——河南省漯河市创业，希望可以让家乡大放异彩，给农业经营、农村发展带来新方法、新思路、新力量。

你农我农传媒在漯河市开办了 IP 孵化基地，打造了包括"老张养鹅""小阳说葡萄""老杨的绿色梦"在内的一大批三农新媒体红人。该企业帮助这些新媒体红人拍摄农技短视频、开设网店和线下店铺，让他们走上了实现付费内容传播的发展道路。

除了漯河市以外，你农我农传媒也入驻了河南省平顶山市，希望使该地区尽快实现"新媒体+三农"产业升级。你农我农传媒在平顶山市创立了首个"新媒体+三农"产业园区，致力于让来到园区的人都可以通过自媒体创造属于自己的价值，为我国实现农业现代化出力。

15.3 变现：构建商业闭环

穿上民族服饰、记录农村的各种日常生活，如上山采摘、田里捕鱼、织布刺绣等，这样的景象在网上十分常见，广大农民也可以借此自豪地展示家乡的原生态自然风光。现在很多农民都入局新媒体，在快手、抖音、淘宝等平台上收获了众多粉丝，也带动了刺绣、稻米、小黄姜、茶叶等产品的热销。他们在获得收益的同时，也让农村实现了全面发展。

15.3.1 短视频"吸粉"：华农兄弟，真实质朴的农村原生态

长得丑的竹鼠要被吃、饭量大的竹鼠要被吃、中暑的竹鼠也要被吃……在很长一段时间内，"吃竹鼠的 100 种理由"在网上受到了广泛关注，也带火了两个来自江西的年轻农民——"华农兄弟"（华代表中华、农代表农民）。

从 2017 年进入新媒体行业到现在，"华农兄弟"已经在微博上"吸粉"100 多万（如图 15-3 所示），成了很受欢迎的"三农网红"。通过在网上发布短视频，"华农兄弟"的竹鼠销量大幅度增加，也正是因为这样，他们将短视频拍摄工作坚持了下来，并确保定期更新内容。

图 15-3 华农兄弟的微博粉丝数量

"华农兄弟"拍摄的是真正的农村，用简单、自然的农家场景，配合着吃竹鼠的有趣台词，让人们感受原生态的农村生活。在拍摄短视频时，他们的食物都是就地取材，如可以直接饮用的山泉水、用竹子制作的筷子和碗等。这似乎是很多人都非常向往的生活。

"华农兄弟"借助短视频将农村生活展现在大众面前，创造了一种独特的视觉体验，让生活在城市中、习惯了快节奏生活的人们感受美好而惬意的农村生活。同时，"华农兄弟"也让人们看到了勤劳、善良的农民和质朴、贴近自然的民风。

以农村为背景的短视频越来越受到人们的喜爱，被人们称作"短视频清流"。"华农兄弟"依靠这样的短视频获得了上亿次浏览与上百万的粉丝，并成功走向商业化。他们的做法值得借鉴，既可以让广大农民获得收益，也可以使优质农产品"走"出农村。

15.3.2　直播导购："乡野小静"，2 小时成交 2000 单

随着返乡创业的热潮，越来越多的年轻人选择从城市回归农村，与家乡村民一起投身于振兴家乡的事业中。而直播带货这种方式既能展示家乡美景、美食以及特色产品，还能够带来经济价值。因此大量农村人士选择这种方式来提高收入，振兴乡村。

直播带货作为当下最火爆的销售模式之一，不仅是通过直播销售产品。它的本质是人与人的信任与交互。直播带货有着极强的互动性，消费者在观看直播时可以实时和主播进行交流，询问主播关于产品的问题，从而更全面地了解产品，明确自己对产品是否存在需求。

直播带货的交互双方是主播和消费者，其火爆是交互双方共同努力的结果。主播与消费者之间的信任并不是天然存在的。主播需要在推荐产品前严格选品，在推荐产品时如实介绍并为消费者提供售后方面的服务，通过方方面面培养消费者对自己的信任。一旦主播培养起消费者对自己的信任，其带货效率就能够大幅度提升。

随着直播带货的发展，越来越多的商家参与其中。同时，诸如快手、抖音等社交软件都纷纷开通了直播功能并积极吸引主播入驻。在各方努力下，直播带货的营销闭环也逐渐形成了。

直播带货的营销闭环包括三个环节：主播推荐、消费者购买和厂家生

产，如图 15-4 所示。下面结合主播"乡野小静"的案例来具体看一下这三个环节。

主播推荐　　　　消费者购买

厂家生产

图 15-4　直播带货的营销闭环

"乡野小静"原名张静，曾在城市里从事销售工作。一次偶然的机会，张静在社交媒体上看到了有人发布农村美食视频。她联想到自己家乡并在假期返乡后，也拍摄了家乡美食的视频并上传到社交媒体上。这些视频在一周时间内收获了几万次点赞，还有网友向张静询问食材购买渠道。

压力过大的城市生活加上爆红的短视频启发了张静，她从城市辞职后返回家乡，专心拍摄短视频。张静在抖音平台记录了诸如糖蒸肉、神仙豆腐、桑叶饺子这类带有浓郁农家特色的美食，展示家乡的风土人情；同时通过直播向粉丝推荐并售卖家乡土特产。

这就是直播带货营销闭环的第一个环节。此环节由厂家生产出新产品，将这批产品交给主播进行直播销售。主播在直播中向消费者推荐产品，吸引消费者购买产品。此案例中的"厂家"为当地村民和大自然。

通过做美食短视频加直播带货的方式，她成为一名网红美食主播。后来张静还参加过当地的多场直播带货活动。直播最火爆时，张静的直播间同时在线人数超过 5 万名，在 2 小时内成交超 2000 单。

这个过程的粉丝购买就是直播带货营销闭环的第二个环节。主播会在直播中向消费者讲明产品的优势和卖点，吸引消费者下单。大多数情况下，由于是厂家直接供货，产品的性价比非常高，能够刺激消费者购买产品。

除此之外，厂家生产是直播带货营销闭环的最后一个环节。当消费者购买了主播所推荐的产品后，厂家就能获得利润。此后厂家会继续生产这些产品，再交由主播继续进行销售，如此循环获利。

直播带货营销闭环的三个环节相互促进、影响，若其中一个环节出现了问题，其他环节也无法进行。

这三个环节中的每一个主体都会通过直播带货的营销闭环获益：对于主播而言，由于是厂家直接供货，能够以更低的价格获得产品、以更低的价格将产品销售出去，这为主播的直播带货提升了竞争力；对于消费者而言，主播所推销的产品价格较低，购买产品能够获得更多的实惠；对于厂家而言，通过主播的直播带货能够降低销售成本、提高销售效率，获得更多的收益。

总之，直播带货能够建立营销闭环，提高产品的销售效率，这种销售模式对于主播、消费者、厂家三方都十分有益。在选择这种方式创造经济价值时，相关主体应注重农产品的质量和主播的选择，以及为消费者提供便捷的售后保障。

15.3.3　开设淘宝店铺："巧妇 9 妹"，短视频联动卖产品

任何一种商业模式都要找到一种变现模式，才能存活下去。而对于交通相对不发达的农村地区来说，"电商+短视频"无疑是一种高效的变现模式。下面结合"巧妇 9 妹"的案例来具体看一下。

"巧妇 9 妹"原名甘有琴，是广西壮族自治区的一名普通农村妇女。其于 2017 年 5 月开始短视频创作，以短视频的模式展示农村风土人情、特产食品等内容。由于其视频内容与主题突出、情感真挚，迅速走红网络。

随后，甘有琴通过"电商+短视频"带货方式，帮助家乡销售农产品，带领当地人民脱贫致富。甘有琴的成功，离不开"电商+短视频"带货的营销闭环的功劳，如图 15-5 所示。

1．存量找增量

此营销闭环的第一环节是存量找增量。存量指的是已有粉丝，增量则指的是新粉丝、新商机等。传统营销模式下，很多顾客不会成为农产品的回头

客，成交以后不会与农产品经营者再有联系。而在"电商+短视频"带货的模式下，顾客本身就是短视频账户的忠实粉丝，会持续关注短视频账户，若觉得有兴趣，还会自发向身边人推荐短视频账户或以其他形式为短视频账户带来增量。

图 15-5 "电商+短视频"带货的营销闭环

甘有琴的家乡是远近闻名的水果之乡，当地人常常凭借销售水果为生。他们经常在所发布的短视频中展示自己为果树施肥、采摘果子，这些内容吸引了想购买水果的粉丝，促进了当地水果的销售。而往年，甘有琴的家乡因交通不便以及缺少销售渠道，水果常处于滞销状态。"电商+短视频"的营销模式为其家乡带去了新的发展机遇。

2．打通上下级

此营销闭环的第二环节是打通承载端和转化端的流量。通俗来讲，即令同一顾客尽可能关注农村电商团队的更多平台。这样顾客可以通过多个渠道了解农产品的信息，其消费时的安全感会大大增加，成交率便会随之上涨。

甘有琴家乡芒果滞销，她仅用时一晚，便帮助当地人民卖掉 15 万斤芒果。这是因为甘有琴开设的淘宝店上架了滞销芒果，其在短视频中对这些产品进行了推销，大量顾客在看完短视频中的内容后便去淘宝店下单购买。

从这个案例中可知，短视频对农产品销售有着巨大潜力。农业本身就具有非常大的潜力，而"电商+短视频"模式令优质农产品的价值得以发挥。

3．高频带低频

此营销闭环的第三环节是高频带低频。很多农产品是相对低频产品，比如，在草莓收获季，各地都在卖草莓，那么部分地区的草莓就变成了无人问津的相对低频产品。但"电商+短视频"的模式则改善了这一弊端，因为短视频点击量大，短视频带来的流量会让相对低频的产品得到流量和关注。

甘有琴成功帮助家乡卖出滞销芒果就是得益于其发布的短视频内容带来的流量。

"电商+短视频"的营销闭环模式为农村带来了巨大的经济价值，它依托大数据，迅速帮助农产品匹配有潜在消费兴趣的用户，使农产品走出农村。它是乡村振兴的一大助力，各地农村均可借鉴这种模式发展自身产业。

第 *16* 章

乡村旅游：休闲养老新去处

近年来，很多地区大力发展乡村旅游，希望进一步强化旅游业对乡村振兴的带动作用，积极引导农民通过农家乐、民宿等形式发展旅游业，尽快实现增收致富。乡村旅游凭借优美的环境、地道的美食、淳朴的民风，给人们带来舒适的体验，也给农民带来丰厚的收入。

16.1 乡村旅游越来越红火

溪边玩耍、融入自然、体验农耕、享受民宿、品尝美食都可以通过乡村旅游成为现实。现在乡村旅游已经成为新潮流，受到很多游客的青睐。而且，乡村旅游产品也在不断增多、产业体系进一步完善，让游客可以感受个性化、多样化的旅游体验。

16.1.1 人们热衷于享受"生态型"生活

马斯洛需求层次理论把人类的需求划分为五个层次，分别为生理需求、安全需求、精神需求、尊重需求和自我实现需求，如图 16-1 所示。

图 16-1　马斯洛需求层次理论

而经济的飞速发展大幅度提高了人们的生活水平，人们的生理需求和安全需求得到满足，因此精神方面的需求便上涨，对旅游等娱乐项目的需求越来越大。

在这种情况下，游客的旅游经验越来越丰富，对于旅游体验的要求也逐渐提高。与之对应的是，各类项目和观光旅游点相继开发，不同观光旅游点的同质化程度提高，全国旅游市场发展迅猛，旅游市场的竞争更激烈。

但乡村旅游业却能从中脱颖而出，这离不开两个原因：一是它的"生态型"生活的吸引力；二是人们消费观念的转变为旅游市场带来的变化。

首先看原因一，这种"生态型"生活主要得益于乡村旅游特有的沉浸感。

旅游资源具有两个主要类型，一种是自然风景类，另一种是人文景观类。市面上其他类型的旅游项目或多或少偏重于其中一种，而乡村旅游项目却能将这二者结合。

乡村旅游业独有的自然风光和风土人情是浑然一体的，它能让游客沉浸其中，从衣食住行等方面带给游客沉浸式的生态型生活体验。其独特性、趣味性都是单一旅游资源无法相比的，为游客带来不同于以往的愉悦感、刺激感，悠闲的旅游环境也能为游客提供安全感、舒适感。游客享受旅游过程并愿意为各类体验活动买单。

再来看原因二，消费观念的转变为旅游市场带来的改变体现在两个方面。

（1）游客结构改变，游客群体中老年人比例和青少年比率逐年提高。

（2）游客旅游需求逐渐多样化。

因此，旅游方式随之更新，诸如观光游、体验游、亲子游、主题游等不同形式的旅游方式层出不穷。而乡村旅游业主打的健康、绿色旅游项目能够吸引不同年龄段游客并满足其多样化的需求。例如，老年游客追求的养生与健康，少年游客追求的新鲜与趣味等。

这两种原因共同促使人们越来越享受"生态型"生活，也使乡村旅游业越来越发达。故而农村地区要充分运用自身独有的资源，结合游客和市场的变化不断提升旅游项目的优势。

16.1.2 乡村旅游市场日渐成熟，形式多样化

乡村旅游在乡村产业发展的过程中起着关键性的作用。《农业农村部办公厅关于印发〈2020 年乡村产业工作要点〉的通知》提出乡村旅游的三个发展方法，见表 16-1。

表 16-1 乡村旅游的发展方法

关键方法	具体开展措施
建设休闲农业重点县	按照区域、国内、世界三个等级资源优势要求，建设一批资源独特、环境优良、设施完备、业态丰富的休闲农业重点县，打造一批有知名度、有影响力的休闲农业"打卡地"
培育休闲旅游精品	实施休闲农业和乡村旅游精品工程，建设一批设施完备、功能多样的休闲观光园区、乡村民宿、农耕体验、农事研学、康养基地等，打造特色突出、主题鲜明的休闲农业和乡村旅游精品。 开展休闲农业发展情况调查和经营主体监测

（续表）

关键方法	具体开展措施
推荐休闲旅游精品景点线路	运用网络直播、图文直播等新媒体手段多角度、多形式宣传一批有地域特色的休闲旅游精品线路。 开展"春观花""夏纳凉""秋采摘""冬农趣"活动，融入休闲农业产品发布、美食活动评选等元素，做到视觉美丽、体验美妙、内涵美好，为城乡居民提供休闲度假、旅游旅居的好去处

传统的乡村旅游注重乡村民情、礼仪风俗等的体验。游客的旅游体验仍集中在观赏、住宿这样单调的活动中。例如，观赏当地当季的农作物种植过程、体验耕作、观赏当地的自然风光、住民宿等。

而在这样的政策推动下，乡村旅游开始迅速发展。围绕乡村旅游涌现了大量的新概念与新理论，如游居、诗意栖居、第二居所等。这些新概念与新理论丰富了乡村旅游的形式与内涵，将乡村旅游从日渐同质化的市场中解救出来。乡村旅游市场日渐成熟，乡村旅游的形式也更迎合游客与行业的需求，乡村旅游会越来越红火。

16.1.3　互联网让乡村成为"网红"景点

互联网已经自然而然地融入人们的生活，互联网带来的营销模式也受到了人们的广泛关注，影响着旅游行业的发展。以往人们出门旅游，目的地大多都是一些名胜古迹。但随着互联网的发展，人们可以在直播与短视频中了解世界各地，这时人们再去旅游，多半都是冲着那些在网络中独具特色的地区与城市。

许多乡村也借助互联网的传播，显著提升了自身的经济发展水平。而且与传统的广告推销相比，这种互联网营销的成本更低、范围更广、影响力更强，更适合那些愿意发展旅游业的乡村。那么，乡村应该如何利用互联网营销带动旅游行业的发展呢？

首先，乡村一定要提升宣传内容的质量，并通过对自身风俗的挖掘引领潮流。山东威海的"画村"牧云庵就是个中翘楚。整个村庄就像是一个设计精巧的艺术展览馆，人们可以伴着阵阵墨香参观绘画长廊、村民写生基地，感受艺术与田园的沉静气质。

其次，乡村可以在互联网上培育自己的粉丝社群，从而缩短传播周期。如今，二十几岁的年轻人已成为旅游消费的主力，他们也更习惯于借助网络了解其他城市。我们可以充分利用这一点，吸引更多的人来到乡村进行观光，从而带动相关产业的发展，推进乡村振兴的进程。

最后，乡村还要搭建共创平台，带动更多的人参与其中。如今，直播的浪潮逐渐消退，短视频的浪潮接踵而来。这样的更新换代也是在提醒新时代的农业从业者，时代正在急速变化，需要勇敢地尝试新鲜事物，借助互联网平台进行营销与推广，做好乡村的形象宣传，提升当地的知名度和影响力。

与此同时，运用物联网、云计算等新一代数字技术，也能够帮助我们建立起全方位、立体化的感知体系。我们可以将相关信息进行收集与整合，将信息化、数字化渗透到乡村旅游的各个环节，为游客、企业、政府等一系列利益相关者提供需求服务。

实际上，互联网中绝大部分的创意来自民间，农民也应该充分挖掘身边的风俗与风景，向外界展示乡村的特色，扩大乡村旅游的商机，让乡村的魅力传得更远，让更多的人看到真实的乡村。

16.2　打造乡村文化磁场

走遍了名山大川，逛完了名胜古迹，乡村旅游已经成为越来越多人的新选择。乡村旅游是国内旅游的主要类型，也是推动乡村振兴战略顺利实施的强大力量。但与此同时，人们的旅游需求在进一步升级，感受农家乐、吃农家菜，钓鱼、摘菜已经无法让人们感到满足，人们更希望在乡村旅游中感受当地文化、愉悦自己的身心。因此，为了更好地发展乡村旅游，我们有必要打造乡村文化磁场，为人们留住乡愁。

16.2.1　乡村旅游要有文化味

文化理念是乡村旅游热度不减的关键。它能让乡村旅游业的内涵更丰富，令其长久发展。例如，坚毅和冒险精神一直是珠穆朗玛峰的文化理念，并且该地多年来始终坚持不变地贯彻着这一理念。人们一想到挑战性的旅行，就会联想到珠穆朗玛峰。这就是拥有文化理念的旅游产业独有的吸引力。

下面以安徽省黄山市徽州区乡村旅游的案例为引，讲解乡村应如何规划带有"文化味"的旅游产业。黄山市徽州区有着悠久的历史文化。身为徽文化的发祥地，该地域独有徽派建筑、徽菜、徽剧等十几个传统文化体系，大量保留着完整的古建筑与古代文化遗迹，被誉为"文物之海"。此外，该地域还拥有大量非物质文化遗存，比如徽墨、歙砚这类的传统工艺，叠罗汉、徽剧这类的民俗文化，以及徽州糕点、茶艺这类的特色饮食。

上述文化遗产散落在徽州区各乡村。它是此地区别于其他乡村旅游地区的最突出优势，是其乡村旅游业的核心竞争力。

此外，该地域有着优越的自然生态条件，这儿坐落着七个省级自然保护区与三个国家森林公园，被誉为"乡村天然氧吧"。

黄山市在发展该地区乡村旅游业的时候，从三点进行了旅游规划。

第一点是结合当地资源状况进行开发。该地域拥有鲜明独特的徽文化，因此当地将乡村旅游发展同徽文化结合。悠久的徽文化、美丽的自然风光以及优越的生态环境是此地域发展乡村旅游的重要载体。

第二点是通过个性主题在同质化竞争中立足。从乡村旅游产品层面看，各村落的旅游区域都具有相似的基本功能，比如住宿、观光、餐饮等。其差异之处在于侧重点的差异。但该区域结合乡村现实情况，成功提炼出不同于其他区域的"徽风徽韵"主题。这种个性主题帮助该地域摆脱同质化竞争，使黄山市徽州区顺利开展了深度乡村旅游。

第三点是重点梳理、挖掘当地具有潜力的个性元素。该地域以市场需求为基础，将地域个性卖点进行深度包装，突出其主题与个性，打造能够吸引中间商、投资商和消费者的乡村主题旅游产品。

黄山市徽州区凭着上述三点，成功塑造了具有"文化味"的乡村旅游品牌。各乡村在发展乡村旅游业时，也可根据上述要点先行规划，确保自己的旅游产业能够有独特的文化理念，避免陷入同质化。

16.2.2　以文化为圆心，发展特色产业

A 镇和 B 镇都在着手发展乡村旅游。两个镇地理位置相近，规模类似，文化传统也相差无几。但 A 镇在做发展规划时，将许多地区的发展案例生搬硬套进来。例如，C 村的特色产业是玫瑰花产业，其在此基础上建立了玫瑰花观赏基地并请名人代言。A 镇的玫瑰花产量也多，便仿照 C 村建立了观赏基地，但即便其花费重金请名人代言，也始终吸引不来游客。

B 镇与 A 镇情况相同，但是 B 镇认真研究了 C 村的案例，发现 C 村的玫瑰花产业之所以火爆，是因为其强调了玫瑰的中药价值，坚持"花可为药"的理念。游客进入园中不仅是为了观赏，还可以通过食用玫瑰、体验花瓣浴等途径进行养生。

后 B 镇建成观赏基地后，请专业的编剧打造玫瑰花制药的故事，又请名人推荐，利用线上和线下渠道广泛宣传。果不其然，其基地一开园便连续两个月游客爆满。

同样的条件不同的结果，这就是文化理念的作用。文化理念是乡村旅游业发展的蓝图，它能够为乡村旅游业提供发展方向。因此乡村旅游的发展必须以文化理念为圆心，发展与文化理念相一致的特色产业。下面来看具体做法。

首先，乡村要增强旅游项目的文化内涵。

当下，各地区的乡村旅游项目普遍质量不高且同质化严重。这种情况严重影响了游客对乡村旅游产品的热情与好奇度，有碍于乡村旅游业的发展。因此，乡村在开发旅游项目时要做到以下两点。

一是进行系统性规划，根据当地的区位优势及资源优势整合旅游资源，在

此基础上科学地策划旅游开发项目。

二是从民风民俗、特色文化方面入手，加强旅游产品的文化内涵建设，提升其质量与档次。

其次，乡村要保持旅游项目的本色并突出其特色。

开发乡村旅游项目时必须牢记开发宗旨，始终本着保持乡村特色、突出田园特征的开发宗旨，避免乡村旅游项目与其他地区的旅游项目雷同。

再次，乡村要做到四个结合。

一要结合其他旅游开发项目；二要结合乡村振兴事业；三要结合周边城镇建设事业，互相促进、共同发展；四要结合生态保护事业。

最后，乡村要加强农民参与度，对农民进行培训和引导。

农民是乡村文化的主体，他们的综合素质在一定程度上代表着乡村的人文环境，决定着乡村旅游的氛围。而人文方面的体验也属于乡村旅游项目的一种。故而乡村在开发旅游项目时，必须以综合眼光看待农业、农民与乡村发展，注重培训与引导农民。

而这种培训与引导工作能够提高农民的素质，农民参与旅游项目建设的积极性会更高。如此，乡村旅游业才能发挥其作用，真正让农民受益。

16.2.3　贵州龙里，"菊花经济"带动乡村旅游

发展乡村旅游业有四个关键目的。

其一是充分开发乡村旅游资源。乡村本身产业链短、旅游服务业欠发达，而旅游业可以为农民提供更多工作岗位，促进乡村地区的经济发展。

其二是提高乡村地区的自然与人文资源的附加价值。

其三是让乡村地区能够依靠自身力量去发展，减轻国家的扶持压力。

其四是挖掘、保护和传承乡村地区的传统文化。同时，乡村地区还可以借

助发展旅游业吸收现代文化，建设文明乡风。

这四个关键目的也是发展乡村旅游业的注意事项。

贵州省龙里县在发展旅游项目时就注重了这些要点。该地盛产菊花，其旅游项目"龙湖花海"于 2019 年推动当地 160 多户贫困户成功脱贫，为当地带来了巨大的收益。下面来具体看一下该地区的"菊花经济"是如何结合四个关键目的，带动当地旅游业发展的。

首先，龙里县的旅游项目与其他旅游项目的开发相结合。其在发展旅游项目时，以"龙湖花海"项目为核心，充分利用各旅游项目的吸引力，使区域内资源共享、优势互补，构建各旅游项目共同发展的局面。这种做法为当地带来了巨大的收益。

乡村地区在开发旅游项目时，不应将区域内其他旅游资源与景点视作竞争关系。因为同一区域内的旅游资源彼此之间的吸引力可以叠加，客源可以共享。

其次，龙里县的旅游项目与农村扶贫相结合。龙里县与菊花相关的旅游项目为当地带来了大量工作岗位，包括采摘、加工、销售等。该地区的"龙湖花海"生态农业观光基地也是当地与农村扶贫事业结合的成功案例。此基地凭借党支部、农户与合作社合作的形式，令村集体经济得到了迅速发展。

乡村地区在开发旅游项目时，应注重与农村扶贫事业相结合。乡村产业链短，岗位稀少且人均素质偏低，但乡村地区人口多，故而大量劳动力都被闲置。而开发乡村旅游项目能够增加乡村地区的就业机会，从一定程度上减弱农村地区的就业压力。

最后，龙里县的旅游项目与资源、环境保护相结合。其在开发旅游项目前，做了大量的开发规划，确保当地生态环境不会在旅游开发过程中被破坏。当旅游项目落实后，该地区坚持叮嘱前来参观的游客保护环境，比如，游客采摘过的菊花可以放进回收箱。正是这种与资源、环境保护相结合的意识令该地区走上了可持续发展的道路。

在旅游项目开发过程中，乡村要坚持开发与保护相结合的原则。高质量的生态环境是乡村旅游发展的基础，也是乡村旅游项目吸引力的来源。因此，乡村必须做好发展规划，在保护生态资源的前提下对其进行开发。

16.3　发展特色服务业

随着乡村振兴战略的不断推行，乡村旅游可谓是遍地开花，乡村旅游市场更是潜力巨大。但不得不承认，现在乡村旅游也面临着"千村一面"，缺乏新意的困境，而发展特色服务业似乎是走出这个困境的一剂"良药"，如打造观光农场、组织农事体验等。

16.3.1　观光农业：近距离接触大自然

观光农业是农村特色服务业项目之一。它的开发基于农业发展现状和特点。在发展农村观光农业项目时，要在满足观光农业功能的基础上，坚持以生态自然为本，统筹农村地区生态保护和经济的发展。在开发观光农业项目时应注意以下几点。

（1）观光农业项目必须能为农村地区注入发展活力，带来实际利润。这也是开发观光农业项目的初衷和核心目的。

（2）观光农业项目必须能为农村地区带来更多的就业机会。农民的生产活动属于第一产业，而观光旅游属于第三产业。原本农民生产活动和农业生产利润的附加价值相对较低，观光农业项目则让农民除了生产获利外，有更轻松的创收渠道和更高的收入。

（3）观光农业项目必须能吸引各方给予支持，包括政策方面、经济方面、场地方面等，其涉及的领域包括旅游业、林业、农产品加工业等。

这三点也是决定观光农业项目能否开展的关键要素，当观光农业项目同时满足这些要求时，就可以进行相关的开发活动了。

讲完了开发条件，下面结合一个案例来看一下策划观光农业项目的具体思路。某乡村地区开发了一个观光农场。该观光农场坐落在景区中心，因其依山傍水的自然风光而闻名。该观光农场集餐饮、住宿、休闲、娱乐和观光旅游等功能为一体，由于策划思路清晰，其在建设完成后的一年内成功地带动了当地经济的发展。

下面来看看观光农场的具体策划思路。

1．依托人文景观和生态景观

农村地区的人文景观和生态景观是其吸引力的来源之一，游客选择到农村地区旅游正是因为对此感兴趣，这也是观光农业赖以发展的基础。

因此，农村地区在发展观光农业时，首先要确认当地是否有足够的、同所规划的观光农业项目特色相匹配的人文景观和生态景观的吸引力；其次应以人文景观和生态景观为基础，辅以建筑、农作物、高新农业生产基地与特色农村文化等元素；最后在建设方面，既要改造部分基础设施较差的环境，又要保护当地自然环境和自然风貌。

该观光农场在建设时，根据当地的农业生产条件设置了项目功能分区。以农园分区为例，该分区包含果树林、菜园等农业生产用地。这些地方原本只有生产功能，该观光农场在其附近建设了农舍与加工场所，将其变为后勤生产基地。此外，游客能够观看农民收获农作物的场景，还可以选择亲自付费采摘。

2．注重住宿和体验环节

观光农业项目的受众多为近距离城镇地区的上班族、节假日游客、退休老年人群体等。许多游客将这种沉浸式的体验当作一种生活方式。因此，在策划观光农业项目时，必须注重游客的住宿和体验环节。

住宿环节的重点是"静"，自然环境要恬静、住宿环境要幽静；体验环节的重点是"动"，休闲项目、体验项目要让游客有足够的参与感，充分与游客互动。这样能够满足游客在自然环境中放松身心的需求，延长其游玩时间、增加游客的消费。

在住宿环节，该观光农场的住宿区面朝山谷而建，风景优美、设施完善，让游客在优美舒适的环境中得到了休息；在体验环节，该观光农场设有采摘体验环节。农场内的果园不仅向游客和餐厅提供果实，还允许游客付费进入果园采摘并参与加工过程。此外，该农场还提供各类体育活动场所、户外运动活动场所及按摩馆等。

3．深度挖掘并利用乡村文化

独特的乡村文化能够赋予观光农业项目灵魂和发展方向，使其保持长期的繁荣。因此在开发观光农业项目时应深度挖掘当地特色文化，比如，名人故居、传统美食、戏曲文化、耕种文化等，这些都可以应用到观光农业项目策划中。

该观光农场的部分住宿建筑就仿建了当地的传统建筑，餐厅也提供当地特色美食。

4．突出特色和主题策划

特色是观光农业项目的核心竞争力，而主题是其核心吸引力。因此在开发观光农业项目前，要盘点当地可开发的资源数量并利用好当地的特色资源，具体可以从地域角度、季节角度、景观角度、生态角度、知识角度、文化角度、传统角度等去营造特色。

确认好项目特色后，就可以开始策划观光农业项目的主题了。该观光农场盛产树莓，因此以树莓为主题，设计了树莓屋住宿、树莓采摘园、树莓特色餐饮品尝、树莓酱加工等环节。

清晰的策划思路能够帮助农村地区提高建设观光农业项目的成功率，助其规避开展过程中的部分陷阱。可以沿着依托人文景观和生态景观—注重住宿和体验环节—深度挖掘并利用乡村文化—突出特色和主题策划这个思路，结合决定观光农业项目能否开展的几点要素去建设观光农业项目。

16.3.2 民宿：体验原汁原味的农村生活

在政策、互联网等因素的影响下，农村地区和乡村旅游市场迅速发展。越来越多的游客有了探索农村、回归自然的兴趣和需求。而"民宿热"就是在这个过程中兴起的。

民宿，顾名思义，就是当地居民利用闲置房屋为游客提供的住宿设施。这种住宿设施往往面积不大，但能够帮助游客体验当地的自然环境与本土文化，且价格实惠，因此受到消费者欢迎。下面来具体看一下民宿的优势。

1. 民宿能够盘活闲置的农村房屋资源

民宿能够为农民增收，并在传统的农村产业链中，农民的农房只供其居住，没有其他价值和作用。但是随着乡村旅游项目的开展，游客的住宿需求增加，农民便可以利用农房办民宿。这种出租闲置农房赚取租金及额外消费费用的方法，拓宽了农民的收入渠道，带动了农村地区的经济发展。

以云南大理为例，当地村民大多将闲置农房打造成小客栈类型的民宿。这不仅减缓了当地的就业压力，还为当地村民带来了非常可观的收益。

2. 民宿能够有效输出地方特色文化

在民宿同质化严重的市场中，许多游客对民宿的印象都大同小异，因而特色成为民宿的核心竞争力。在打造民宿前，村民可以详细地分析所属地区的特点和优势并结合游客的消费需求，确定何种优势能够成为民宿的特色。

确定好民宿的特色后，村民可以用特色为民宿冠以名称。例如，某民宿位于龙门古镇，直接用地名加上"驿事"二字为民宿命名。龙门驿事符合古镇气质，并且给予游客一种故事感，因此吸引了大量游客前来体验。

特色能够吸引消费者关注，而特色化的民宿能够使其在同质化市场中脱颖而出。游客在居住特色民宿的过程中，会接触管理民宿的村民并通过村民直接了解当地的风土人情。若民宿的建筑具有当地特色，游客可以直接体验当地传统住宿方式，而且特色民宿普遍提供由当地人制作的本土美食。

总之，这种从衣食住行角度为游客提供沉浸式体验的特色化民宿，能够让游客直观地感受到农村地区的独特文化。

但是民宿不只存在优势。随着民宿市场的发展，其弊端也日益显现。

下面来看一下民宿的弊端都有哪些方面。

（1）缺乏统一建造标准。经营民宿的门槛低，因此市场上存在着大量质量良莠不齐的民宿。

（2）缺乏有效的监管措施。民宿的安全性相对低于酒店，且往往是个体经营，可能存在着硬件不过关、配套设施不足、卫生不达标、无证经营等问题。民宿市场兴起时间短，监管措施相对不足，游客的权益很难得到保障。

（3）缺乏特色。很多地方跟风建立民宿，装修雷同，各民宿之间复制模仿严重。

（4）民宿收入受淡旺季影响，农民的收入也因此不稳定。在旺季时，大量游客涌入，民宿缺乏足够的承载力。

（5）随着民宿市场的发展，大量商业资本介入开发，导致农民的权益得不到保障。

村民和投资者在打造民宿时，一定要依据上述利弊综合考量，确保不会因为盲目开设民宿而得不偿失。

16.3.3　农事体验：寓教于乐的亲子活动

剥玉米、除草、翻地、浇水……这些可能是很多人小时候都做过的农事，凝聚着非常深刻的回忆。但对于现在的孩子来说，已经很少有机会可以亲自体验这些农事了。因此，为了让孩子感受到农事的乐趣，也为了推动农村地区进一步发展，农事体验服务应运而生。

农事体验服务就是让游客参与农事活动，同时将农耕文化与农业知识传递给游客，充分展现农业生产劳动的热烈场面，让游客亲自体验农业生产劳动的美妙感觉。该服务主要包括种植体验、养殖体验、加工体验、品尝体验、生产技能应用体验等。

格林 7 号乐园就是主营农事体验服务的乐园，为游客提供经典童话故事剧、互动泡泡秀、乐队表演、惊喜彩蛋等各类活动。在乐园内，游客可以学习农事科普知识，亲手体验农业种植，在玩耍的同时学习很多有用的技能，整个过程其乐无穷。

与其他乐园不同，格林 7 号乐园将自己定位为以农事体验为特色的益智乐园，把"让孩子边学边玩，在田野自然中快乐成长"作为自己的宗旨，开设农事体验及游乐课程，可让游客全家共享旅游观光、休闲娱乐的时光。例如，乐园内设有泥土课堂（图 16-2 所示），可让家长与孩子体验寓教于乐的场景式教育，使孩子在玩耍中了解自然、敬畏自然。

图 16-2　格林 7 号乐园的泥土课堂

在乡村振兴战略的指导下，格林 7 号乐园立足于"农业强、农村美、农民富"的发展理念，为区域经济发展提供强大动力。其他地区可以学习和借鉴格林 7 号乐园的乡村旅游模式，聚焦田园休闲娱乐，赋能乡村振兴。

16.3.4　健康养生：养老新选择

随着经济水平的提高，人们的物质生活和精神生活的质量不断上涨，对"健康、长寿"的需求也越来越强。但日常养生手段已无法满足人们的需求，人们渴望将养生变成一种全方位的生活方式。与此同时，根据中国发展基金会发布的《中国发展报告2020：中国人口老龄化的发展趋势和政策》，到2022年左右，我国将从老龄化社会转变为老龄社会，彼时 65 岁及以上人口将占总人口的 14%以上。老龄人口对于养生旅游的兴趣和需求更高，消费能力也更强，这为乡村旅游业带来了重大发展机遇。

那么，乡村旅游应该如何与健康养生结合呢？下面从六个角度入手讲解具体方法。

1．景观角度：以静养生

农村地区的山水风光本身就是一种健康符号。这些独特的天然景观能够从视觉上让人愉悦，从心灵上使人平静，令人摆脱快节奏生活带来的浮躁。其能够缓解抑郁，舒缓心情，从情绪角度帮助人养生，起到保健作用。

2．空气角度：以气养生

空气质量是影响健康的重要因素。工业化程度较高的城镇地区居民长期受雾霾等恶劣空气的影响，在呼吸道、心血管方面的患病率更高。而农村地区的森林、草地等植被密集处含有大量的生态负氧离子，这种离子具有养生功能，能够满足人们预防疾病和养生保健的需求。

3．农耕角度：以动养生

我国自古就盛行"以动养生"的观念。唐代孙思邈在《千金方》中记述："养生之道，常欲小劳。"意思是适量的劳动有助于健康养生。而农村地区的农耕劳作能够让人们在体验农耕文化中修身养性，在适量劳动中保持健康。

4．人文角度：以和养生

广大农村地区有着优质的传统人文资源。它讲求人与自然的和谐统一。农村地区的优秀生活传统、民俗活动等人文资源，都可以用来发展养生项目。可以举办传统文化节或非物质文化体验活动，游客能够在参与过程中，借助人文活动陶冶身心。此举动可令养生与文化传承达到双赢局面。

5. 饮食角度：以食养生

饮食是养生过程的重要环节。健康的食品对塑造优秀体格有着至关重要的作用。农村地区的绿色、有机、无污染食品受到许多消费者的追捧。

6. 环境角度：以睡养生

睡眠质量也是决定养生质量的关键因素。农村地区没有各种交通工具往来的噪声，夜间娱乐活动少，其间各种蛙声蝉鸣被称为"白噪声"，有助于提高睡眠质量。在农村地区，人们更容易拥有规律的生物钟，睡眠质量更高，能够轻松地"以睡养生"。

通过自然与养生的融合，将健康养生变为一种生活方式，乡村旅游业能拥有更持续、更符合消费者需求的旅游项目。这种特色服务业能够真正地使消费者获益，使乡村旅游业迅速发展，从而达到双赢的局面。

第 *17* 章

田园综合体：构建新生活方式

乡村振兴战略为农村的未来发展指明了方向，其中就包括通过打造田园综合体构建新生活方式。田园综合体集循环农业、创意农业、农事体验于一体，有助于实现第一、二、三产业的深度融合，是实现乡村振兴、推动农村现代化和城镇化联动发展的一种新模式。

17.1 田园综合体的特征

在相应的资源条件下，田园综合体可以加速各产业相互渗透，把文化艺术、农耕体验、乡村消费有机结合起来，拓展农业的产业链。在田园综合体的助力下，功能相对单一的农产品将成为现代休闲娱乐的载体，使农业的价值得到进一步提升。

17.1.1 以产业为基础

田园综合体是一种新型乡村综合发展模式，它以产业为基础，集农业、旅游业与田园社区为一体，具有可持续性。在田园综合体模式下，可通过发展乡村旅游业来促进农业发展，使第一、二、三产业融合。田园综合体具有以下四个特征。

1. 强化融合突出体验

强化融合突出体验指的是，田园综合体模式能够使农业从单纯的第一产业向第二、三产业延伸发展，由单纯的生产变为生产、销售、旅游等并存。举例来说，曾经农业只是由农民劳作，但在这种模式下，游客可以观赏农民劳作并在观赏后购买农产品，各产业彼此依存、相互促进。

2. 农民广泛参与受益

农民广泛参与受益指的是，农民在参与田园综合体的构建过程时，享受其带来的各种效益。例如，当一个田园综合体中包含草莓种植园采摘体验环节，此草莓种植园是由农民搭建的，游客进入草莓种植园需要购买门票，门票收益便归农民。原本草莓种植园产出的农作物还面临滞销风险，当其变为采摘体验园地时，农民面临的草莓滞销风险也被降低了。

3. 集约配置农村资源

集约配置农村资源指的是，在田园综合体模式下，当地农村的各种物质和非物质资源会由专业人士进行系统管理与分配。如此，农村资源能得到综合开发和利用。

4. 强调农业创意理念

强调农业创意理念指的是，农村地区应按照个性化、特色化、艺术化的原则打造田园综合体，同时将此原则应用于产品设计与产品服务中。

但田园综合体的基础是农业，不是旅游业。如果农业方面存在问题，田园综合体就没有生根发芽的土壤。因此，要想成功地打造田园综合体，必须严把农业的质量关。对于农业生产的每一个环节都要进行质量检测，在进行农产品销售之前，经营者也要通过试吃、试用等方法切实地感受农产品的质量。

农业的质量和发展程度是打造田园综合体的关键因素，优质的产业链，才能打造质量有保障的田园综合体。

17.1.2　以文化理念为灵魂

在构建乡村田园综合体时，为实现发展目标和吸引游客，需要建设相应的文化理念。这种文化理念是打造田园综合体的关键因素，是其灵魂所在。其中包含田园综合体的价值观、生活理念、健康观点、娱乐方式、特色项目以及发展规划等。

我们需要面向农村地区和全体游客的田园综合体文化理念。农村地区可以借助宣传、教育、培训、交心、娱乐等手段，最大限度地培养村民和游客归属感与认同感，使村民为构建田园综合体的共同目标而努力，使游客向往并热爱田园综合体的生活，从而推动田园综合体的发展。

构建田园综合体文化理念有七个步骤。

1．明确田园综合体发展目标及使命

要想清晰构建出田园综合体的文化理念，就要先明确该田园综合体发展的最终目标及使命。最终目标和田园综合体的使命赋予田园综合体前进的方向，使相关农村能开展关于田园综合体的发展构想。

相关农村应在田园综合体的文化理念构建的前期，从田园综合体管理模式、田园综合体管理制度、田园综合体管理思想、田园综合体成功要素、田园综合体发展面临的风险等方面进行深入思考，制定田园综合体文化理念的雏形。

2．构建简洁、实用的文化理念体系

田园综合体管理涉及多个方面的管理，故而田园综合体的文化理念也需要从多个方面与之对应。但在构建文化理念体系时一定要系统、简洁、实用。要做到这几点，可以从以下几个方面着手。

一是明确田园综合体的核心文化理念，将重点放在田园综合体的文化独特之处和出彩点上。

二是在明确田园综合体发展目标的基础上，确保田园综合体所构建的文化理念具有可实践性。其必须有助于驱动田园综合体朝目标前进并能引导田园综合体有效规避发展风险。

三是核心文化理念能有效统领文化理念体系，对各个文化理念体系进行指导。

四是在构建文化理念体系的过程中必须集思广益，保证全体村民的参与。

3. 沟通、认知

文化理念体系构建完成后，相关主体所需要做的就是将其付诸实践。首先要将田园综合体的文化理念体系传输给全体村民，保证村民的行为遵从田园综合体的文化理念体系，确保上下思想统一。

在这个过程中，带头人必须发挥沟通和示范作用。带头人在行动、培训、沟通时要重点对田园综合体的文化理念进行阐释和强调，强化村民对文化理念体系的认知。

4. 将文化理念植入田园综合体架构

田园综合体架构和田园综合体文化理念相辅相成，关联且密切。田园综合体文化理念影响田园综合体的构成，匹配的田园综合体架构有利于践行田园综合体文化理念，田园综合体的各个组成部分的职责和水准应与田园综合体文化理念相符。

5. 双向传输文化理念

文化理念的传播，要从内部和外部两个方面入手。深刻内化是文化理念传播的基础，没有经过深刻内化，村民的文化理念和行为方式不统一，田园综合体没有凝聚力，则文化理念向外传达的效果只会浮于表面。

打牢内化的基础后，再向外部传播田园综合体文化理念，可有效提升村民对田园综合体文化理念的荣誉感和自豪感。丰富田园综合体文化理念的内涵，有助于增强田园综合体的吸引力。

6．评估、反思

进行了上述步骤后，相关主体可对文化理念实践的过程和效果进行科学评估，并以此作为改进的基础。评估过程中要重点调查村民与游客对文化理念的认同度、田园综合体当前氛围、文化理念是否对田园综合体每个组成部分起到有效指导等方面。

7．反馈、螺旋式提升

评估完成后，相关主体要依据评估结果进行反馈；对现存状况充分分析、归类并给予相应反馈；最后根据具体问题提出切实可行的解决方案。

相关主体一定要使文化理念充分渗入田园综合体发展的过程中，使文化理念及田园综合体的发展与村集体的收入、发展等有效对接，同时对其定期评估、改进，使田园综合体得到快速发展。

17.1.3　以体验为活力

体验感是田园综合体的吸引力来源。游客会选择为田园综合体付费，是因为其在田园综合体内能体验到满足其某种需求的生活。因此，在打造田园综合体时应提前做好调研，比如，分析游客的需求并找出其痛点、结合农村的区位与资源优势进行规划等。

要抓住游客的需求并调动其对田园综合体的兴趣，给予其充分的体验感，就能达到培养游客的认同感与归属感，从而使田园综合体能够持续发展。下面将具体介绍田园综合体能给予游客何种体验感，以及田园综合体如何给予游客体验感。

先来看田园综合体能给予游客何种体验感。田园综合体能给予游客独特的体验感之处，就是其本身所具有的优势。

1．生态资源优势

构建田园综合体最根本的依托是农村地区的生态环境，比如，山水风景、田园风光、园林花圃等。将这些资源打造成田园综合体的过程，也是盘活农村地区闲置生态资源的过程。

2．产业融合优势

田园综合体具有极强的融合性。它能与农业生产相结合，开发采摘体验、生产观赏等旅游相关项目；也能与林业、商贸、文化等产业相结合，开发农家乐、特色民宿、文化节等创新项目，游客可以在这种三产融合的环境中获得丰富的体验。

分析完田园综合体能给予游客何种体验感后，再来看该怎样打造田园综合体。

1．确保客源足够

足够的客源是田园综合体能够发展的前提。要保证客源，可以从两方面入手，一是保证交通条件足够便利，二是在选址前尽量接近人口繁华的城市。满足这两个条件后，田园综合体才能吸引较多的游客。

2．优化住宿与餐饮条件

饮食和住宿两方面是影响游客整体旅游体验的关键因素，也是田园综合体吸引力的重要来源。因此必须着力优化住宿与餐饮条件。

在住宿方面，可以依据当地实际条件，打造多元化住宿环境。依据游客的消费能力建造经济型酒店、特色民宿、高档酒店以及特色主题酒店，满足不同游客的需求；在餐饮方面，一方面可以推出具有当地特色的美食，另一方面可以根据游客口味和市场风向推出一些创新餐饮，比如，绿色有机食物、养生食物等。

3．推出特色娱乐活动

田园综合体可以在娱乐活动方面结合当地特色进行创新，紧跟风向潮流。例如，剧本杀是当下流行的游戏，可以在田园综合体内设置剧本杀休闲区，聘请专业人士编写与农村有关的游戏剧本，既满足游客的娱乐需求，又让游客切实感受到农村的氛围。

4．保障消费足够便捷

如今电子支付成为主流付款方式，因此田园综合体要注重游客消费的便捷度。例如，可以在线上平台售卖门票，让游客可以线上预订住宿和餐饮事宜等，让田园综合体的服务更智慧、便捷、贴心。

5．多招揽投资商，增加建设资金

乡村旅游及其相关项目有极大潜力，许多社会投资人士都将目光集中在田园综合体的发展上，积极地参与投资田园综合体开发项目。农村地区相关主体要多招揽投资商，确保田园综合体有足够的建设资金。

17.1.4　创新乡村消费

乡村休闲旅游的热度越来越高，发展旅游业的农村已经变为一个融合了当地的风土人情、乡规民约、民俗演艺的田园综合体。每一座断桥、每一棵古树中都可能有说不尽的故事。

这种商业模式的成功离不开强调特色的"情景消费"。近年来，中央出台了多项"三农"政策，对许多农业类的特色小镇提供了政策扶持。国务院下发的《关于进一步促进农产品加工业发展的意见》中提出，农业农村部、国家发展改革委、质检总局等部门需要加快推进特色小镇建设，尽快实现农村与城市的融合发展。

广大农村地区在大力推动农业现代化的同时也在推进田园综合体项目的实施，用景观设计的思维进行农村建设，用观光旅行的思路进行农业经营，将广大农村地区建设成为度假胜地，充分发扬当地的文化特色。

对于农民而言，进城务工需要做出较大的牺牲。因此，这种在本地实现多元化发展、从多个产业的融合过程中获取收益的方式更容易受到他们的青睐。不仅如此，这种田园综合体的商业模式还可以引导人们对生产与消费、城市与农村的关系产生新的思考。

上海市金山区的嘴渔村码头在产业融合发展中，为都市农业建立了完善的经济、生态和服务机制，休闲农业集聚区应运而生，吸引了大批市民游客前来体验渔家生活。安徽省合肥市的官亭镇在持续推进城乡建设工作与老城区的改造工作，致力于推动城乡共同发展，构建美丽的烟雨水乡。四川省成都市的多利农庄也在努力建设国际旅游度假村，将周边 6 个村庄连片规划成为多利有机小镇，并致力于将其打造为生态农业示范基地。

未来，以智慧农业、循环农业、观光农业、美丽田园为卖点的农村只会越来越多，这也将充分带动周边产业的发展，创新乡村消费模式，描绘出一幅田园农业的壮美画卷。

17.2　五大成功的田园综合体

在某种意义上，田园综合体其实是农业与乡村旅游、地产等融合的一种综合发展模式，这种发展模式包含城镇化发展与乡村经济发展两大领域，会成为促进农业和乡村旅游实现转型升级的主要动力。中商产业研究院在《田园综合体项目投资咨询报告》中指出，目前我国已有五个成功的田园综合体，包括无锡田园东方、邢台南和嘉年华乐园等。

17.2.1　无锡田园东方

田园东方坐落于江苏省无锡市阳山镇，是我国首个田园综合体。该田园综合体以其高特色性，在短短五年时间内便发展成为长江三角洲区域内首屈一指的旅游目的地。其成功离不开"三个坚持"的发展原则。

原则一是坚持以农为本。打造田园综合体的前提是以现代技术提升农业综合生产能力，并突出农业特色。而田园东方的核心发展理念为"复兴田园，寻回初心"。该田园综合体在发展过程中始终以"田园生活"为关键目标，以"美丽乡村"为发展背景，致力于在保护当地生态环境、保证农业特色的基础上进行开发。

田园东方的开发项目共分三大板块，分别为现代农业、休闲文旅和田园社区，旨在打造以生态高效农业为核心，以花园式农场运营为导向的综合性园区。这种以农业为核心的三产融合的发展模式，提高了其农业综合效益以及农业发展水平。

原则二是坚持共同发展。农民是打造田园综合体过程中不可忽视的部分。可以通过农村集体组织、农民合作社这类的渠道发挥农民的作用，鼓励并引导农民积极参与田园综合体的发展进程。

田园东方在发展的过程中，实施农村社区化管理模式以提高当地公共服务的品质。为确保农民能够参与打造田园综合体的过程并从中获利，该地区积极设立企业、合作社等，促使田园综合体的发展与农民的利益相结合，使农民充分享受田园综合体的发展成果。

原则三是坚持循序渐进。农村地区开发的旅游项目存在同质化现象，因此在打造田园综合体的过程中，应注重利用区位优势与资源优势，从当地实际出发，依据自身特色循序渐进地发展。

田园东方的休闲文旅板块以"创新发展"为理念，在注重挖掘自身优势的基础上，积极引进文化市集、教育基地等合作资源，使自身形态多元化，模式多样性。

无锡田园东方带给我们的启示是：农村地区在打造田园综合体时，应在保持自身特色的基础上，坚持以农为本、共同发展、循序渐进的原则，使其宜居宜业，惠及各方。

17.2.2　成都多利农庄

位于四川省成都市的多利农庄集农业、休闲与康养等项目于一体，它是我国田园综合体成功案例之一。该田园综合体的成功主要依托于六项优越的发展条件，下面来具体看一下。

1. 基础条件优越

基础条件是打造田园综合体时应考量的第一个要素。

该区域地理位置优越，其范围内的农业基础设施相对完善，发展潜力大；基础设施完备，诸如水、电、路、网络等方面的基础设施条件较好；农民合作组织规模大，企业与其关联密切。此外，该地区为建设田园综合体项目自筹了大量资金，并且拥有长期投入资金的能力，同时具有清晰的发展思路。

2. 生态环境优越

生态环境是打造田园综合体时应考量的第二个要素。

成都多利农庄位于成都市西北方向的郫都区。其区域内的三道堰古镇是国家 4A 级旅游景区，被赞称为"西部最美水乡"，在该地建设田园综合体，能够落实环保发展理念。该田园综合体在建设过程中，积极保留山水风景并坚持落实整体保护、综合治理自然生态的理念。

3. 政策措施优越

政策措施是打造田园综合体时应考量的第三个要素。

该田园综合体所在的区域地方政府积极性高。政府为田园综合体的建设提供了用地保障与财政扶持，并且在人才、科技创新应用等方面给予了大力支持。

4. 投、融资机制优越

投、融资机制是打造田园综合体时应考量的第四个要素。

该田园综合体在建设过程中与村集体公司合作，村民可以用宅基地和集体建设用地入股，双方共同成立了村集体资产管理公司。

在后续发展过程中，随着对发展资金需求量的增加，该田园综合体引入了中国平安集团参与投资控股，为开发项目提供资金。

5. 带动作用优越

该田园综合体利用农村集体组织、农民合作社等农村组织引导农民参与到田园综合体项目的建设过程中来。其采用了股份合作制、利益共享制等制度，为农民的参与权与受益权提供了充分保障，使农民在此过程中与田园综合体项目共同受益。

6．运行管理优越

该田园综合体依据当地的产业规划与新型经营主体发展培育的现状，因地制宜地制定了特色化的田园综合体建设模式与运营管理模式。其积极引导当地的村集体组织和企业等共同建设田园综合体，成功地盘活了大量闲置资源。在独特、高效的田园综合体建设模式与运营管理模式下，各方建设田园综合体的积极性空前高涨。

多利农庄的案例给我们带来的启示如下。

（1）在建设田园综合体时，应围绕具有基础、特色、规模和潜力等因素的农村地区进行建设活动。

（2）应完善当地基础设施，在坚持产业融合的发展原则下，重点突出农业并发展循环农业、创意农业。

（3）要明确农村集体组织在整体建设过程中的地位和作用，让农民与田园综合体共同获益。

（4）应积极与政府、商业资本合作，开拓项目建设的资金来源。

17.2.3　蓝城农庄小镇

陈剑平是现任的浙江省农业科学院院长，中国工程院院士，从事植物病理学研究，被誉为蓝城"农镇之父"。当年，宋卫平正是在听了他的一番话后才着手创办了蓝城农庄小镇。陈剑平说："我们的计划是做 100 个农镇，辐射带动 1 万个小镇，改变 2～3 亿人的生活。"

这个农庄小镇位于浙江省嵊州市的施家岙村，占地面积约为 20 亩，它的主体是一座 500 平方米的中式宅院，宅院包括前庭、后院、菜园与大片农田和果林，主体建筑的一层架空，二层则是一个标准的合院格局。

这种一层架空的房子并不会占用耕地面积，架空出来的一层依然可以从事农业生产，可用于种植的面积就有 160 平方米之多。宋卫平将其他部分做成了高科技的农艺空间，并在其中放置了诸如 A 字架水培、垂直多层水培等培养器械。在这里种植的蔬果产量是传统种植方式的 3～5 倍，这些培养器械也非常方便进行自动化管理。

这种"概念农庄"的兴起告诉我们，越来越多的都市白领开始追求回归本源的生活方式，简单地生活，从事自己热爱的工作。在这种农庄里，人与人之间的联系得到了加强，每个人都可以在小规模的农业生产中获取报酬，每个人都可以感受到创造的喜悦。

在这里，每一个农庄都是一份期待，它们承载着我国人民对农村生活的寄托，在某种意义上，这也是对乡土的一种重塑。

农庄小镇位于蓝城农业基地，其中许多原生态的生产方式对施家岙村产生了深远的影响。例如，村子里菜园的覆土都是废弃的山核桃壳，这种材料不仅透水、透气，还含有丰富的微量元素，可以有效促进植物生长；植物旁安装了许多粘虫板、太阳能杀虫灯等物理除虫设备，每种植物都经历了精心地套种，这种物理防治病虫害的方式也显著降低了农药的使用量。

当地政府也重修了水坝、清理了河道垃圾，农庄旁的一段溪岸已经恢复了当年的风貌。宋卫平打造的农庄小镇，从生态层面与社会经济层面实现了对农村的改造，相信在不远的未来，它会实现陈剑平的期望，改变数亿人的生活方式。

17.2.4　南和农业嘉年华乐园

南和农业嘉年华乐园位于邢台市南和区，总投资 3 亿元，占地面积超过2000 亩，该乐园以农业生产为背景，以休闲娱乐为核心，以文化创意为基础，为人们打造了一个与众不同的田园综合体，让人们在拥抱大自然的同时享受现代化游玩体验。

对于河北省来说，南和农业嘉年华乐园是一个非常重要的大型农业综合经济体，承担着推动农业转型升级的重任。当时，南和农业嘉年华乐园一期工程只用了 3 个多月便竣工投运，如此短的建设周期实在是超乎想象，"跑"出了令人惊叹的中国速度。

除了建设速度快以外，南和农业嘉年华乐园还秉承着京津冀一体化发展的原则，以冀南地区为中心，开辟了一个技艺融合、产娱并存的新发展模式。在场景布局方面，南和农业嘉年华乐园积极创新，将园区划分为以下 5 大板块。

（1）创意体验馆。创意体验馆汇集了国内外蔬菜生产先进设备和技术，包括 6 个主题活动馆，分别为蔬朗星空、畿南粮仓、本草华堂、童话果园、花样年华、同舟共冀。

（2）高新农业示范区。高新农业示范区的占地面积超过 1000 亩，设有育苗工厂、缤纷果园、花溪苗园等现代农业科技示范基地，如图 17-1 所示为其中的育苗工厂。该区引进了很多经济价值非常高的果树品种，并采用先进技术和智能设备对其进行种植和管理。

图 17-1　高新农业示范区的育苗工厂

（3）生态养生餐厅。生态养生餐厅依托高档连栋温室，为游客营造了良好的就餐环境。该餐厅主打特色养生膳食和花卉膳食，借助自动化系统为游客提供全程自助式服务。

（4）采摘乐园。南和农业嘉年华乐园依托中国农业大学的技术支持和自己的资源优势，大力发展健康旅游、绿色采摘等休闲农业。园内设有采摘乐园，如图 17-2 所示，可以满足游客在冬、春等季节进行采摘的需求，让游客感受自己采摘水果和蔬菜的乐趣。

图 17-2　南和农业嘉年华乐园的采摘乐园

（5）花海景观。花海景观内部大约有 100 亩花卉，不同的季节有不同的花卉开放，观赏性非常强。花海景观可以对接众多服务，还可以形成花海综合体，并有连锁经营的可能性。

现在南和农业嘉年华乐园的运营已经比较稳定，先后获得了"河北省休闲农业示范点""国家级 AAA 旅游园区""河北省十大文化产业项目"等殊荣。该乐园是以特色农业展现农业创新力量的经典案例，打造了京津冀农业协同发展的新业态。

17.2.5　青龙农业迪士尼

青龙农业迪士尼坐落于河北省秦皇岛市茨榆山乡，处在环京津、环渤海经济圈和冀东经济区内，有得天独厚的区位优势。而且，因为其自然环境优美，气候、水质、土质、森林植被覆盖情况都比较好，还有很多独具特色的农产品，所以非常适合发展乡村旅游业。

借助"迪士尼"理念，以田园综合体为开发模式，立足于当地的区位优势和丰富资源，青龙农业迪士尼获得了不错的发展，已经成为全域乡村旅游示范点。园内设有六大平台，分别是智慧农业展示平台、新型农民培训平台、农业科普教育平台、国际农业信息交流平台、现代农业销售服务平台、乡村旅游服务平台，还建立了以下四个主题馆。

（1）主题馆一：蔬菜王国，如图 17-3 所示。引导游客近距离接触蔬菜，感受蔬菜艺术。

图 17-3　蔬菜王国

（2）主题馆二：农耕时光，如图 17-4 所示。通过传统的杂粮品种和真实的农田劳作展现农村风情，还原青龙人民的农耕方式和农耕技巧。

图 17-4　农耕时光

（3）主题馆三：桑麻人家，如图 17-5 所示。大片的桑柞树可让游客对其生长过程产生兴趣并进行深入了解，展现青龙人民在纺织方面的技能。

图 17-5　桑麻人家

（4）主题馆四：花果奇缘，如图 17-6 所示。绚丽多彩的花果世界能够吸引游客驻足观赏。

图 17-6　花果奇缘

　　青龙农业迪士尼围绕当地主导产业，以当地农业资源为核心进行设计和规划，为农业现代化注入了新动能，大力推动了乡村振兴。其他地区可以借鉴青龙农业迪士尼的做法，但要符合自身实际情况，走具有地方特色的发展道路。

参考文献

[1] 中共中央　国务院. 乡村振兴战略规划（2018—2022 年）[M]. 北京：人民出版社，2020.

[2] 贺雪峰. 大国之基：中国乡村振兴诸问题[M]. 北京：东方出版社，2019.

[3] 陆超. 读懂乡村振兴：战略与实践[M]. 上海：上海社会科学院出版社，2020.

[4] 姜长云等. 乡村振兴战略：理论、政策和规划研究（第 2 版）[M]. 北京：中国财政经济出版社，2020.

[5] 张利庠. 中国乡村振兴案例研究[M]. 北京：经济科学出版社，2020.

[6] 付翠莲. 乡村振兴战略背景下的农村发展与治理[M]. 上海：上海交通大学出版社，2019.

[7] 蒋高明. 乡村振兴：选择与实践[M]. 北京：中国科学技术出版社，2019.

[8] 邓国胜，钟宏武，等. 乡村振兴蓝皮书2020[M]. 北京：经济管理出版社，2021.

[9] 孙景淼，等. 乡村振兴战略 [M]. 杭州：浙江人民出版社，2018.